かんたん
作りおきおかず
230

吉田瑞子・著

料理コレ1冊!

Gakken

Contents

作りおきおかずで
　毎日の食事がもっと楽チンに！…6
作りおきおかずはここがいい！…7
こんな風に使える！作りおきおかず…8
作りおきおかずの基本…10

本書の使い方…12

Part 1
あると便利！
人気の常備菜

ポテトサラダ…14
牛しぐれ煮…16
スペイン風オムレツ…17
炒りおからのカレー風味…18
きんぴらごぼう…19
かぼちゃの煮もの…19
切り干し大根の煮もの…20
こんにゃくとししとうの甘辛炒め…20
ピーマンとなすの甘みそ炒め…21
油揚げのねぎみそチーズ焼き…21
にんじんとセロリのピクルス…22
ザワークラウト…22

Part 2
ムダなく使い切り！
野菜たっぷりおかず

玉ねぎ
レンチン玉ねぎのみそマヨ…24
焼き玉ねぎのマリネ…25
玉ねぎ餅…26
玉ねぎのバター照り焼き…27
玉ねぎのカレー蒸し…27

キャベツ
キャベツと桜エビのソース炒め…28
キャベツとひよこ豆の
　デミグラスソース煮…28
蒸しキャベツのみそあえ…29
キャベツのオーブントースター焼き…29

ピーマン
ピーマンとちくわの
　オイスターソース炒め…30
ピーマンのツナマヨ詰め焼き…30
ゆでピーマンのピーナツバターあえ…31
ピーマンの焼きびたし…31

にんじん
にんじんのごま炒め…32
にんじんのチヂミ…32
にんじんの素揚げ…33
にんじんのクリームチーズあえ…33

じゃがいも
まんまコロッケ…34
じゃがいものソース炒め…34
じゃがいものアンチョビクリーム煮…35
じゃがいもの甘酢漬け…35

もやし
もやしのカリカリガーリックベーコン炒め…36
もやしのあんかけ…36
もやしのナムル…37
ゆでもやしのたらこバター…37

かぼちゃ
かぼちゃの塩バター煮…38
かぼちゃの照り焼き…39
かぼちゃサラダ…39

きゅうり
塩きゅうり…40
きゅうりとカニかまの甘酢あえ…41
きゅうりとウインナーのソース炒め…41

グリーンアスパラガス
- アスパラのみそ漬け 42
- アスパラのコンビーフ炒め 43
- 焼きアスパラのしょうがじょうゆ 43

トマト
- プチトマトのグラッセ 44
- トマトのバルサミコマリネ 45
- スタッフドトマト 45

ほうれん草
- ほうれん草のキッシュ風 46
- ほうれん草とコーン炒め 47
- ほうれん草とりんごのツナあえ 47

長ねぎ
- 焼きねぎのわさび風味マリネ 48
- ねぎの天ぷら 49
- ねぎのからし酢みそあえ 49

ブロッコリー
- ブロッコーのくるみみそあえ 50
- ブロッコリーのベーコン巻き焼き 51
- 刻みブロッコリーのアンチョビ炒め 51

なす
- なすのかば焼き 52
- なすとプチトマトのケチャップ炒め 52
- 揚げなすの三杯酢 53
- なすのオリーブ油焼き 53

大根
- 輪切り大根のフライパン焼き 54
- ふろふき大根の金山寺みそのせ 54

白菜
- 白菜葉とハムのミルク煮 55
- 白菜のみそ風味ラザニア 55

きのこ
- 焼きしいたけのにんにくしょうゆあえ 56
- マッシュルームの春巻 56
- エリンギの磯辺焼き 56

海藻
- ひじきと枝豆の炒め煮 57
- わかめのナムル 57

塩もみでさっとできる！
- コールスロー 58
- ラーパーツァイ 58
- きゅうりとなすの塩もみ 59
- 大根のレモン甘酢漬け 59

ミニコラム
- 野菜の冷凍保存の仕方 60

Part 3
ボリューム満点！肉・魚のメインのおかず

カジキ
- カジキの黒酢酢豚風 62
- カジキのごまみそマヨ焼き 63
- カジキのプチトマト煮 63

鮭
- 鮭の焼きびたし 64
- 鮭のアーモンド衣焼き 65
- 鮭のみそバター蒸し 65

タラ
- タラのムニエル トマトソース 66
- タラのザーサイ蒸し 67
- タラとじゃがいもの塩煮 67

ブリ
- ブリのオレンジ照り焼き 68
- ブリ大根 69
- ブリのキムチチーズ焼き 69

サバ
- サバのピリ辛みそ煮 70
- サバのごま風味焼き 71
- サバの立田揚げ 71

アジ・イワシ
- 小アジの南蛮漬け 72
- イワシのさつま揚げ 73
- イワシのアスパラ巻き ゆずこしょう風味 73

イカ
- イカの枝豆バーグ 74
- イカとセロリの塩炒め 75
- イカのハーブ串焼き 75

タコ
- タコのトマト煮 76
- タコの青のりフリッター 77
- タコと里芋の煮もの 77

エビ
- エビのチリソース 78
- エビのアヒージョ 79
- エビのゆかり風味マリネ 79

ほたて
- ミニボイルほたてとほうれん草のグラタン 80
- ほたて貝柱の山椒みそ焼き 81
- ミニボイルほたてとチンゲン菜の中華炒め 81

鶏もも肉
- バーベキューチキン …82
- 鶏肉の塩漬けレモン蒸し焼き …83
- 鶏肉のハニー照り焼き …84
- 鶏肉のごま塩唐揚げ …84
- 鶏肉のクリームコーン煮 …85
- 鶏肉と根菜の炒め煮 …85

鶏むね肉
- チキンフリッターしそ風味 …86
- チキンサテのピーナツソース …87
- 鶏肉のココナツミルク煮 …88
- 鶏肉のみそ漬け焼き …88
- 鶏肉のバジルソース焼き …89
- 鶏肉と玉ねぎのケチャップ炒め …89

鶏ひき肉
- 鶏棒つくね …90
- チキンドライカレー …91
- 鶏ひき肉の油揚げ詰め焼き …91

鶏ささみ
- ささみとピーマンのピリ辛オイスター炒め …92
- ささみカツ梅風味 …93
- ささみのねぎマリネ …93

手羽先・手羽元
- 手羽先の南蛮漬け …94
- 手羽元のタンドリーチキン …95
- 手羽元のサワー煮 …95

豚バラ薄切り肉
- 豚肉とゴーヤ炒め …96
- 豚肉のアスパラマスタードロール …97
- 豚肉のプチトマト入りボール …98
- 豚肉のピリ辛じゃばら串焼き …98
- 豚肉とかぼちゃの甘辛レンジ蒸し …99
- 豚肉の塩肉じゃが …99

豚こま切れ肉
- 豚肉とズッキーニのみそ風味トマト煮 …100
- 豚肉の団子揚げ …101
- 豚肉とかぶのペペロンチーノ …102
- 豚肉とセロリのポン酢炒め …102
- ポークビーンズ …103
- 豚肉とキャベツの中華風みそ炒め …103

豚ロース薄切り肉
- ゆで豚肉のねぎソース …104
- 豚肉とキムチ焼き …105
- 豚肉のゆで卵巻き焼き …105

豚しょうが焼き用肉
- 豚肉の竜田揚げ …106
- 豚肉とにんじんのピカタ …107
- 豚肉のライムマリネ …107

豚ロース厚切り肉
- ナッツ入り衣のとんかつ …108
- ポークジンジャー …109
- 豚肉のパプリカ蒸し煮 …109

豚バラブロック・スペアリブ
- ゆで卵入り豚角煮 …110
- サムギョプサル …111
- スペアリブと大根の煮もの …111

豚ひき肉
- 揚肉団子とれんこんの甘酢あん …112
- ニラしゅうまい …113
- 麻婆夏野菜 …113

牛こま切れ肉
- 牛肉としめじのデミグラスソース煮 …114
- 牛肉と焼き豆腐のすき焼き風 …115
- 牛肉とごぼうのみそ炒め …115

牛薄切り肉
- チャプチェ風 …116
- 牛肉のアスパラスティック …117
- 牛肉の野菜巻き照り焼き …117

牛カレー用肉
- 牛肉のワイン煮 …118
- 牛肉と空豆のオイスター炒め …119
- 牛肉のポトフ …119

牛ももブロック
- フライパンローストビーフ …120

牛すじ肉
- 牛すじ肉とこんにゃくのトロトロ煮 …121
- 牛すじ肉と大根のキムチ煮 …121

合いびき肉
- チーズハンバーグ …122
- レンジミートローフ …123
- 和風ロールキャベツ …123

コラム①
そのまま加熱してすぐできる！
　冷凍おかず便利帳 …124

コラム②
冷凍の具を温めて作る！
　冷凍スープセット …126

ミニコラム
魚・肉の冷凍保存の仕方 …128

Part 4
アレンジして使い回し！
万能おかず＆ソース・ディップ

万能おかず

- レンジ蒸し鶏…130
  - バンバンジー…130
  - 細巻き寿司…131
  - 蒸し鶏と水菜のサラダ…131
- チキンハム…132
  - サンドイッチ…132
  - パスタサラダ…133
  - 冷やし中華…133
- 塩豚…134
  - 塩豚と赤いんげん豆の煮もの…134
  - キャベツと塩豚のスープ…135
  - カリカリ塩豚のせ冷ややっこ…135
- 甘辛鶏そぼろ…136
  - ちらし寿司…136
  - チーズ入り揚げ餃子…137
  - 焼きうどん…137
- みそ豚そぼろ…138
  - 肉みそコロッケ…138
  - ジャージャー麺…139
  - レタスのそぼろのっけご飯（菜包み）…139
- ミートソース…140
  - ペンネミートソース…140
  - タコライス…141
  - オムレツ…141
- 鮭フレーク…142
  - そうめんチャンプル…142
  - クリームチーズディップ…143
  - おにぎり…143
- 大根葉じゃこ炒め…144
  - チャーハン…144
  - 卵焼き…145
  - マヨトースト…145

万能おかず

- きのこのガーリック炒め…146
  - きのこグラタン…146
  - きのこのスープ…147
  - きのこスパゲティー…147
- ラタトゥイユ…148
  - ピザトースト…148
  - ラタトゥイユ雑炊…149
  - ラタトゥイユ コーン春巻…149

万能ソース・ディップ

- トマトソース…150
- バジルソース…150
- ホワイトソース…151
- 甘みそソース…151
- 甘辛しょうゆソース…151
- バーニャカウダディップ…152
- 中華風練りごまディップ…152
- 梅じゃがディップ…153
- かぼちゃバターディップ…153
- らっきょうマヨディップ…153

作りおきおかずの基本Q&A…154
食材別索引…156

作りおきおかずで
毎日の食事がもっと楽チンに！

時間があるときに調理して、冷蔵・冷凍保存しておく「作りおきおかず」。
帰りが遅くなった夜、食卓にあと一品加えたいとき、ちょっとおつまみが欲しいときなど、
冷蔵庫や冷凍庫におかずがあると、とても便利です。
本書では、野菜、魚、肉の作りおきおかずのレシピを、食材別に紹介しています。
レシピ中の食材は、スーパーなどでよく売られている分量にしていますので、
買ってきたら丸ごと使い切ることができます。
初めて「作りおきおかず」に挑戦する方にも、もっとレパートリーを増やしたい方にも、
役立つ230レシピです。

作りおきおかずは ここがいい！

その1
忙しいときも、短時間で しっかりご飯のでき上がり！

遅くまで働いて疲れて帰ったとき、時間のない朝にお弁当を作るとき、ご飯を作る時間を省けたら…と思うことはありませんか？ そんなときに作りおきおかずがあれば、時間も手間も短縮！ 数種類作っておけば、バランスのよい食事もできます。

その2
食材をムダなく 使い切って節約！

食材が中途半端に残ってしまったり、特売でついたくさん買い込んでしまったり…なんてことはありませんか？ 本書の作りおきおかずは、買ってきた食材を使い切れるレシピなので、そのようなムダがなくなります。

その3
時間が経つほど おいしくなる！

作りおきおかずには、時間が経てば経つほどおいしくなるレシピもいっぱい！ 焼きびたしやマリネなどは、冷蔵庫で寝かせている間にじんわりと味がしみ込んでいき、さらにおいしくなります。

その4
アレンジできるから 飽きない！

PART 4 (p.129～) では、一品からいろいろな料理に活用できるレシピを紹介しています。また、作りおきおかずを食べるときにも、薬味やソースをつけ足して、自分好みの味に変えてみても。飽きずに最後までおいしく食べられるレシピが満載です。

こんな風に使える！作りおきおかず

鮭の焼きびたし
➡ P.64

切り干し大根の煮もの
➡ P.20

プチトマトのグラッセ
➡ P.44

キャベツスープセット
➡ P.127

帰宅してから あっという間に ほかほかご飯！

一汁三菜のバランスのよい献立を作るのは、かなりの時間がかかります。作りおきおかずがあれば、盛りつけて温めるだけで食卓へ！

お弁当にも パパッと早変わり！

お弁当のためだけにおかずを作る必要はなし！作りおきおかずはお弁当にも重宝するレシピです。

スペイン風オムレツ
➡ P.17

にんじんとセロリのピクルス
➡ P.22

肉みそコロッケ
➡ P.138

小さく盛って おつまみにも!

一人飲みにもお客様にも
手作りのおつまみが
さっと出せて便利!

ラタトゥイユ
➡ P.148

きのこの
ガーリック炒め
➡ P.146

ポテトサラダ
➡ P.14

アレンジできる!

一品作っておけば、
いろいろな料理に早変わり!
飽きることなく食べられます。

レンジ蒸し鶏
➡ P.130

蒸し鶏と水菜のサラダ
➡ P.131

バンバンジー
➡ P.130

細巻き寿司
➡ P.131

作りおきおかずの基本

●作るとき、保存するときのポイント

おいしいままの状態でしっかり保存をするためには、いくつかのポイントがあります。
きちんと守って、作りおき上手になりましょう！

[作るときのポイント]

肉・魚・卵は中まで火を通す

生焼けの中途半端な状態は、雑菌の増殖の原因に。卵もしっかり火を通しましょう。

野菜の水けをきちんととる

食材に水分がついているといたみやすくなります。保存する際は水けをよくきりましょう。

しっかりと味つけをする

塩、しょうゆ、酢などの調味料やしょうがやわさび、ハーブは保存性を高めるので、味つけはしっかりと。

すぐに食べてもOK！

作りたてをその日のおかずにしても、もちろんおいしくいただけます。

[保存するときのポイント]

保存容器は清潔なものを

保存容器は煮沸消毒をするか、熱湯をかけて殺菌しましょう。清潔なふきんかペーパータオルで、水けをしっかりふきとるのもポイント。消毒用のアルコールを使うのもOKです。

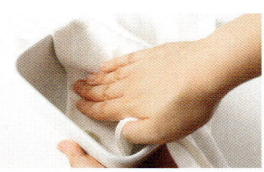

冷めたらすぐに冷蔵（凍）庫へ

温かいまま保存してしまうと、ふたや保存容器に水滴ができ、雑菌が発生しやすい状態に。30～40度がいたみやすい温度なので、保冷剤で急冷するのもおすすめです。また、長時間常温に置いておくといたみやすいので、冷めたらすぐに冷蔵（凍）庫へ入れましょう。

しっかり密閉を

おかずが空気にふれて、酸化したり乾燥したりするのを防ぎます。おかずがピッタリ入るちょうどよい保存容器や保存袋を使いましょう。

中身と日付がわかるように

料理名と作った日を目につきやすいところに記載して、保存期間や食べ忘れを防止します。

用途に合わせて小分けを

食べきりサイズに小分けして保存すると、食べるときに便利です。お弁当に入れるおかずは、あらかじめお弁当用カップに入れて保存しても。

●ピッタリな保存容器・保存袋を選びましょう！

おかずの量や食べ方によって保存道具を選びましょう。
高機能性のものやデザイン性のあるもの、安く手に入るものもあります。

ふたつき保存容器

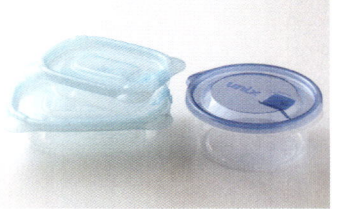

ホーロー容器は、冷凍保存やコンロにのせて直火、オーブン調理が可能。電子レンジ対応の保存容器は、そのまま加熱できて便利です。同じメーカーのものでそろえると、冷蔵庫で保存する際に重ねやすく、すっきりと保存できます。他にもガラス、陶器、ステンレス製のものや形も丸形や長方形、四角形のものがあります。

保存袋

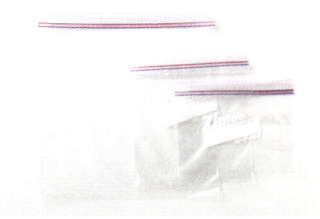

おかずの量に合わせてサイズを選びましょう。冷凍するときは、冷凍用の保存袋を使い、しっかりと密閉します。

●作りおきしておいたおかずを食べるとき

冷たいままでも食べられるもの、温めて食べるものがあります。
ひと手間加えておいしくいただきましょう！

冷蔵保存のおかず

冷凍保存のおかず

解凍する

時間のあるときは、冷凍作りおきおかずを冷蔵庫に入れて自然解凍。急いでいるときは、冷凍用保存袋の上から水をかけて解凍、あるいはお皿に出して電子レンジの解凍モードで解凍しましょう。そのあとは、様子をみながら電子レンジで温めましょう。

直箸NG！ 取り箸やスプーンを

そのまま保存容器から取り出して食べるときは、必ず清潔な取り箸やスプーンなど使いましょう。また、取り箸の他のおかずへの使い回しもやめましょう。

そのまま

マリネや加熱せずに調理したおかずは、冷蔵庫から出したら取り分けて食べましょう。

温める

火を通して調理したおかずは、電子レンジで加熱して温めてから食べましょう。殺菌作用や作りたての味わいを再現する役割も。揚げものはオーブントースターで温めるとサクサク感がアップします。

本書の使い方

調理時間
調理にかかる時間です（寝かせる時間、漬け込む時間を含む。ただし、長時間の場合は、下記に記載）。

冷蔵・冷凍保存期間
おかずの冷蔵庫・冷凍庫での保存期間です。

活用テクニック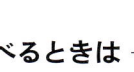
ひと手間加えて、ご飯のおかず以外への有効活用方法を提案します（Part1のみ）。

保存ポイント
保存力がアップする調理方法や保存方法を紹介します。

食べるときは
食べるときに、調味料などをプラスしたおすすめの食べ方を紹介します。

調理のポイント
おかずがもっとおいしくなる調理方法を説明します。

本書の決まり

* 小さじ1は、5㎖、大さじ1は15㎖、カップ1は200㎖です。
* 電子レンジは500Wのものを使用しています。600Wの場合は0.8倍、1000Wの場合は0.6倍を目安に加熱時間を調整してください。ただし、機種により多少異なる場合がありますので、様子をみながら加減してください。
* オーブントースターの焼き時間は、機種によって異なる場合があります。指定の時間があるレシピはそれを目安に様子をみながら加減してください。
* だし汁は、削りがつおや昆布でとっても、市販の和風だしの素を使ってもかまいません。市販のものを使う場合は、袋の表示に従って溶かして使ってください。
* それぞれのレシピには保存期間のアイコンがついていますが、これはあくまでも目安であり、保存状態や環境によって変わります。保存したものを食べるときは、食べる前におかずの状態を確認しましょう。
* それぞれのレシピに記載してあるカロリーは、1人分に換算したものです（4～5人分のレシピは5人分として、1人分に換算しています）。
* 飾り用のハーブ類は材料に含みません。

Part 1

あると便利！
人気の常備菜

いつでも食べたい
定番のおかずから、
味つけや具材に
ひと工夫したおかずまで、
冷蔵庫にあると
うれしいおかずがたくさん！
これであなたも
作りおき上手に！

ポテトサラダ

定番のポテトサラダは、作りおきのポイントがいっぱい！プロセスカットでしっかり説明します！

冷蔵 2~3日 / 冷凍 2~3週間

ご飯のおかずにも！お弁当にも！おつまみにも！作りおきしておくととっても役立つ！

25分 / 114Kcal

材料（4〜5人分）

じゃがいも……3個	ハム……3枚	A [マヨネーズ……大さじ2
玉ねぎ……¼個	きゅうり……1本	塩、こしょう……各少量
酢……小さじ1	塩……少量	

作り方

保存ポイント つぶしたじゃがいもは冷凍保存できます。

保存ポイント 酢には殺菌作用も！

1 じゃがいもは皮つきのままラップで包み、電子レンジで9分加熱する。玉ねぎは皮をむいてみじん切りにする。

2 1のじゃがいもが熱いうちに、皮をむき、ボウルに入れてマッシャーなどでつぶす。

3 2が熱いうちに、1の玉ねぎ、酢を加えて混ぜる。

保存ポイント 水けをよくしぼり、いたみを防ぎましょう。

保存ポイント まんべんなく調味料を混ぜ、保存性アップ

保存ポイント しっかり冷めてから保存容器へ！

4 ハムは1cm角に切る。きゅうりは輪切りにし、塩をふって軽くもむ。しんなりしたらペーパータオルで包み、水けをしっかりしぼる。

5 3の粗熱がとれたら、Aを加えて調味する。

6 4を5に加えて混ぜる。

活用テクニック
パンにはさんでサンドイッチにしたり、食パンにぬってチーズをのせて焼いてもおいしい！

Part 1　あると便利！人気の常備菜

牛しぐれ煮

だしがきいたしょうがの香る味つけは、ご飯のおともにピッタリ！

20分　254Kcal

材料（4〜5人分）

- 牛こま切れ肉　　300g
- しょうが　　1かけ
- れんこん　　1節
- 玉ねぎ　　½個
- サラダ油　　大さじ1
- A
  - だし汁　　カップ½
  - しょうゆ　　大さじ4
  - みりん　　大さじ4
  - 砂糖　　大さじ3

活用テクニック

温めて、熱々のご飯にかけてもおいしくいただけます。

作り方

1. しょうがは皮をむいてせん切りにする。れんこんは皮をむいて5〜6mm厚さのいちょう切りにし、酢水（分量外）につける。玉ねぎは皮をむいて1cm厚さのくし形に切る。
2. 牛こま切れ肉は、大きいものがあれば食べやすく切り分ける。
3. フライパンにサラダ油を熱し、1の玉ねぎをしんなりするまで炒める。
4. 1のしょうが、2を加えて炒める。
5. 肉の色が変わったら、1のれんこんを加えて炒め合わせる。
6. Aを加えて調味し、汁けがなくなるまで煮詰める。

保存ポイント　具材を順に炒め、全体に火を通すのも、いたみを防ぐポイントです。

スペイン風オムレツ

切った断面も美しいボリューミーなオムレツです。

冷蔵 3〜4日 / 冷凍 NG

25分 / 164kcal

材料（4〜5人分）
- 卵……………………5個
- じゃがいも……………1個
- ウインナー……………4本
- ピーマン、赤ピーマン…各2個
- 塩、こしょう…………各少量
- オリーブ油……………大さじ1

作り方

1. じゃがいもはラップで包み、電子レンジで2分加熱し、皮をむいて1cm角に切る。ウインナーは8mm厚さの輪切りにする。ピーマン、赤ピーマンはヘタと種を取り、1cm角に切る。

2. ボウルに卵を割り入れて溶きほぐし、塩、こしょうをふる。**1**を加えて混ぜる。

3. フライパンにオリーブ油を熱し、**2**を流し入れ手早く混ぜて形を整える。ふたをして表面が少し固まるまで弱火で焼く。ひっくり返し、裏側に焼き色がつくまで焼き、取り出して、冷ます。食べやすく切り分ける。

調理のポイント　形がくずれないように、冷めてから切り分けましょう。

 **保存ポイント**　具のじゃがいもは形が残ったままだと冷凍保存ができないので、冷蔵で保存します。

Part 1　あると便利！人気の常備菜

炒りおからのカレー風味

冷蔵 3~4日　冷凍 3~4週間

カレー粉でスパイシーに仕上げて風味豊かに！

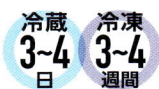

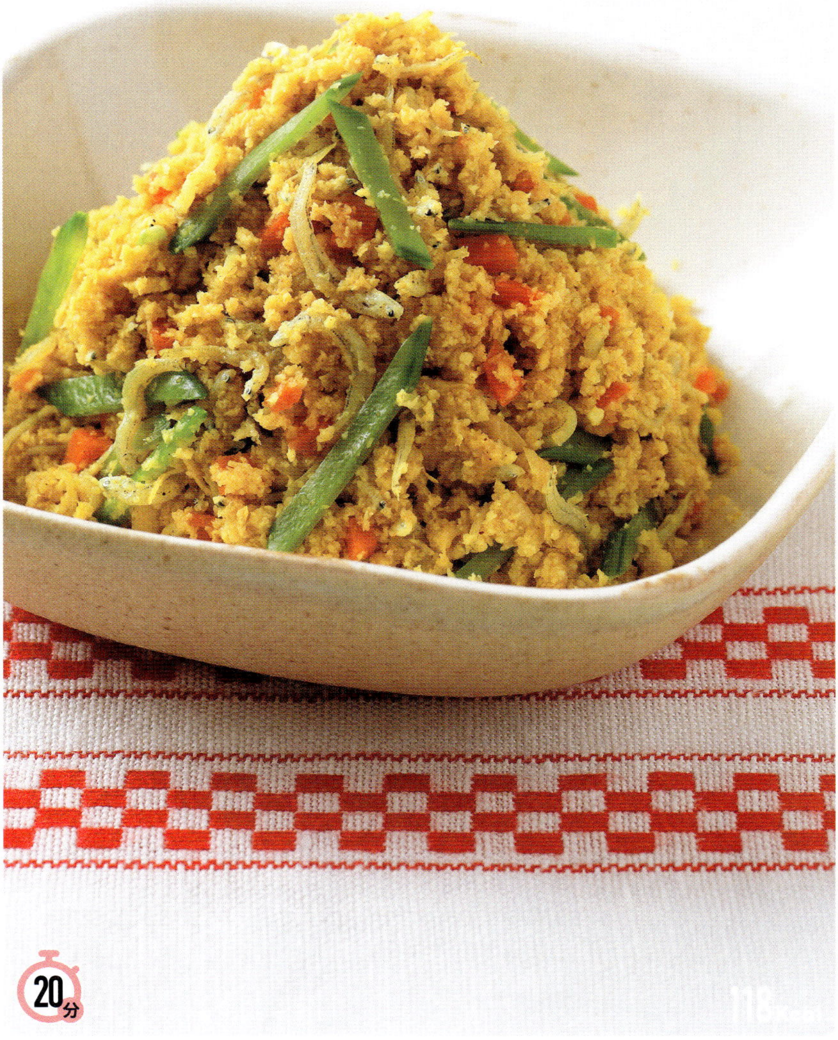

20分

材料(4〜5人分)

おから……………………300g
にんじん……………………½本
絹さや……………………12枚
ごま油……………………大さじ1
A
- だし汁……………カップ1
- カレー粉………大さじ1½
- 塩………………小さじ1
- 砂糖……………小さじ1
- こしょう…………少量

ちりめんじゃこ……………50g

作り方

1. にんじんは粗いみじん切りにする。
2. 絹さやはゆでて、斜めせん切りにする。
3. フライパンにごま油を熱し、1を炒め、Aを加える。沸騰したら、おから、ちりめんじゃこを加える。水分がほどよくなくなるまで炒め煮にし、2を散らす。

調理のポイント　おからは物によって含まれる水分量が違います。味見をして好みの水分量になるまで炒め煮にしましょう。

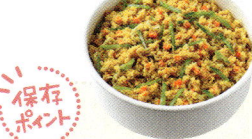

保存ポイント　冷凍するときは、小分けしてラップで包んで冷凍用保存袋へ入れましょう。一品足りないときに副菜として重宝します。

きんぴらごぼう

冷蔵 4～5日　冷凍 2～3週間

常備菜といえばコレ！ しんなりするまでよく味をしみ込ませましょう。

材料（4～5人分）

- ごぼう…30cm×2本
- にんじん…………1本
- ごま油………大さじ1
- A
  - しょうゆ…大さじ2
  - 砂糖………大さじ2
- 黒ごま……………少量

作り方

1. ごぼうは皮を包丁でこそげ取り、にんじんとともにささがきにする。
2. フライパンにごま油を熱し、**1**を炒める。しんなりしたら**A**を加えて調味し、黒ごまをふる。

20分　86Kcal

保存ポイント 冷めると味が落ち着き、より味がしみ込みます。

かぼちゃの煮もの

冷蔵 3～4日　冷凍 2～3週間

大きめに切ったほくほくのかぼちゃ！ 甘めの味つけがほっとする味わい。

材料（4～5人分）

- かぼちゃ………¼個
- だし汁……カップ1
- A
  - しょうゆ……大さじ2
  - みりん………大さじ2
  - 砂糖…………大さじ1

作り方

1. かぼちゃは5～6cm角大に切り、包丁で角を薄くそぎ取って、面取りをする。
2. 鍋にだし汁を沸騰させ、**1**を入れ、**A**を加えて調味する。落としぶたをし、汁けがなくなるまで煮る。

15分　103Kcal

保存ポイント 冷めると味がしっとりとなじみ、さらにおいしくいただけます。

Part 1　あると便利！ 人気の常備菜

切り干し大根の煮もの

飽きのこない、だしのきいた優しい味つけです。

冷蔵 4〜5日 / 冷凍 3〜4週間

30分 / 97Kcal

材料（4〜5人分）
- 切り干し大根……50g
- にんじん……½本
- 油揚げ……1枚
- ごま油……大さじ1
- A
  - だし汁……カップ1
  - しょうゆ……大さじ1
  - 塩……小さじ½
  - 酒……大さじ1
  - 砂糖……大さじ1½

作り方
1. 切り干し大根はたっぷりの水（分量外）に20分つけてもどし、水けをしぼり、ざく切りにする。
2. にんじんはせん切りにする。油揚げは短めのせん切りにする。
3. フライパンにごま油を熱し、2のにんじん、1を炒める。にんじんに火が通ったらA、2の油揚げを加え、汁けがなくなるまで煮る。

保存ポイント　切り干し大根などの水でもどして調理する乾物も、冷凍保存が可能です。

こんにゃくとししとうの甘辛炒め

こんにゃくに甘辛のタレがよ〜くしみ込む！

冷蔵 4〜5日 / 冷凍 NG

15分 / 40Kcal

材料（4〜5人分）
- こんにゃく… 1枚（250g）
- にんにく……1かけ
- ししとう……10本
- ごま油……大さじ1
- A
  - しょうゆ…大さじ1½
  - 酒……大さじ1
  - 砂糖……小さじ2
  - 塩、こしょう…各少量

作り方
1. こんにゃくはコップのふちなどを使って食べやすい大きさにする。
2. にんにくは皮をむいて薄切りにする。ししとうは包丁で切り込みを入れる。
3. フライパンにごま油を熱し、2のにんにく、1の順に炒める。Aを加えて調味し、全体にからんだら、2のししとうを加えて炒め合わせる。

保存ポイント　こんにゃくは冷凍すると食感が変わっておいしさが保てないので、冷蔵保存が基本です。

食べるときは　お好みで七味とうがらしをふってもおいしい！

ピーマンとなすの甘みそ炒め
こってりみそ味が食欲をそそる、簡単スピードメニュー！

冷蔵 3〜4日 / 冷凍 2〜3週間

材料（4〜5人分）
- ピーマン……… 3個
- なす…………… 3本
- ごま油………… 大さじ2

A
- みそ…… 大さじ2
- 砂糖…… 大さじ2
- 酒……… 大さじ1

作り方
1. ピーマンはヘタと種を取り、なすはヘタを取ってともに2cm厚さの輪切りにする。
2. フライパンにごま油を熱し、**1**のなすを並べ入れて両面焼く。**1**のピーマンを加えて炒める。**A**を加えて調味する。

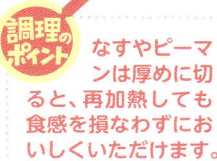

調理のポイント なすやピーマンは厚めに切ると、再加熱しても食感を損なわずにおいしくいただけます。

15分 / 80Kcal

油揚げのねぎみそチーズ焼き
サクッとかむと中からチーズがとろりと出てきます。

冷蔵 3〜4日 / 冷凍 3〜4週間

材料（4〜5人分）
- すし揚げ………… 8枚
- 長ねぎ…………… ½本
- しょうが………… 1かけ
- みそ……………… 小さじ2
- ピザ用チーズ…… 100g

作り方
1. 長ねぎは輪切りにする。しょうがは皮をむいてみじん切りにする。
2. すし揚げの内側にみそをぬる。
3. **2**に**1**、ピザ用チーズを入れて、平らに成形する。オーブントースターでこんがりと焼き色がつくまで焼く。

保存ポイント 保存する際はそのまま保存容器に入れ、食べるときに食べやすく切り分けましょう。

調理のポイント 長方形の油揚げを使ってもOK！その場合は、4枚を半分に切って8枚にし、具材を詰めて使いましょう。

15分 / 64Kcal

Part 1 あると便利！人気の常備菜

にんじんとセロリのピクルス
ポリポリとスナック感覚で食べられるピクルス！

冷蔵 5〜6日　冷凍 2〜3週間

15分　136kcal

材料（4〜5人分）
- にんじん……………1本
- セロリ………………2本
- A
  - 白ワインビネガー……カップ¾
  - 水………カップ1½
  - 砂糖………カップ⅓
  - 塩…………小さじ½
  - 粗びき黒こしょう……少量
  - ローリエ…………1枚
  - 赤とうがらし……1本

作り方
1. にんじん、セロリは1cm角×6〜7cm長さの棒状に切る。
2. 耐熱容器にを入れて混ぜ、1を入れる。電子レンジで3分加熱し、そのまま冷ます。

保存ポイント　保存容器には、の液体ごと入れて保存しましょう。保存している間にも味がしみ込んでおいしさがアップします。

ザワークラウト
シャキシャキのりんごがたっぷり入った、さわやかな一品！

冷蔵 3〜4日　冷凍 NG

20分　162kcal

材料（4〜5人分）
- キャベツ………………½個
- 塩……………小さじ½
- りんご…………………½個
- A
  - 白ワインビネガー……大さじ1½
  - 塩…………小さじ¼
  - こしょう…………少量
  - 粒マスタード………小さじ1
- オリーブ油………大さじ3
- レーズン…………大さじ2

作り方
1. キャベツは1cm幅に切り、塩もみし、しんなりしたらペーパータオルに包んで水けをしぼる。
2. りんごは皮つきのままいちょう切りにし、塩水（分量外）に放つ。ペーパータオルで水けをとる。
3. 保存容器にを入れて混ぜ、オリーブ油を加えてよく混ぜる。1、2、レーズンを加えてあえる。

保存ポイント　保存容器に直接調味料を入れ、具材を合わせるとそのまま保存できて楽チンです。

Part 2

ムダなく使い切り！野菜たっぷりおかず

野菜のおいしさを生かした作りおきおかずを、野菜の種類別に紹介！さまざまな調理方法や味つけで、買った野菜をムダなく使い切れるレシピです。

 玉ねぎ

玉ねぎは火を通すと甘みが増すので、加熱調理して保存するのがおすすめ！ 皮に傷がなく、つやがあり、芽や根が出ていないものを選びましょう。

レンチン玉ねぎのみそマヨ

皮ごと蒸すから中までやわらかくてジューシー！

冷蔵 3～4日 / 冷凍 2～3週間

材料（4～5人分）
- 玉ねぎ……………………3個
- A［みそ……………………大さじ2
　　マヨネーズ………………大さじ3］
- 一味とうがらし……………少量

作り方
1. 玉ねぎは皮ごと横半分に切り、竹串などで1か所穴を開けたラップで包む。
2. 1をレンジの受け皿に並べ、電子レンジで6～7分加熱する。
3. Aはよく混ぜておく。
4. 2が冷めたらラップをはずし、皮をむく。切り口に3をぬり、一味とうがらしをふる。

調理のポイント
皮ごと電子レンジで加熱するので、皮の中に玉ねぎの水分がとじ込められ、中までよく蒸されます。

保存ポイント
保存するときは皮をむいてから容器に入れ、調味料をぬって一味とうがらしをふっておくと、食べるときに楽チンです。とうがらしには殺菌作用も。

15分 / 109Kcal

焼き玉ねぎのマリネ

ピリッとした粒マスタードがアクセント！

冷蔵 4〜5日 / 冷凍 2〜3週間

材料（4〜5人分）

- 玉ねぎ……………………3個
- A
  - 白ワインビネガー…大さじ3
  - 塩………………………小さじ½
  - こしょう………………少量
  - 粒マスタード…………小さじ2
- オリーブ油………………大さじ9

作り方

1. 玉ねぎは皮をむいて1cm厚さの輪切りにする。
2. 保存容器にAを入れて混ぜ、オリーブ油大さじ8を入れて混ぜる。
3. フライパンにオリーブ油大さじ1を熱し、1を並べ入れ、両面こんがり焼く。
4. 3は焼けたものから、2に漬けていく。

15分 / 93kcal

調理のポイント

- マリネ液を作るときは、オリーブ油以外の調味料をしっかり混ぜてから、最後にオリーブ油を加えるとよく混ざります。
- 玉ねぎが熱いうちにマリネ液に漬けることで、冷めるときに味がよくしみ込んでいきます。また、玉ねぎの輪をほどいて漬けると、マリネ液がよくからみます。

Part 2 ムダなく使い切り！野菜たっぷりおかず

玉ねぎ餅

もちもちの新食感！ かめばかむほど玉ねぎの甘みがしみ出します。

冷蔵 3~4日 / 冷凍 2~3週間

材料（4～5人分）

- 玉ねぎ……………………3個
- A
  - 塩……………………小さじ½
  - こしょう……………少量
  - 片栗粉………………大さじ5
- サラダ油…………………大さじ1

作り方

1. 玉ねぎは皮をむいてみじん切りにする。
2. 耐熱ボウルに、1、Aを入れて混ぜ、ラップをして電子レンジで10分加熱する。
3. 2が熱いうちにへらなどでよく練って冷まし、8等分にする。ラップを使って平たい丸形に成形する。
4. フライパンにサラダ油を熱し、3を並べ入れ、両面こんがり焼く。

30分 / 96Kcal

調理のポイント　玉ねぎのたねを成形するときは、冷めると固くなってしまうので熱いうちに練ります。

保存ポイント　手ではなくラップを使って成形すると、より衛生的で保存力アップ。

食べるときは　からしじょうゆやとんかつソースをつけてもおいしくいただけます。

玉ねぎのバター照り焼き

つやつやの照りが自慢！ ステーキのようなボリュームです。

冷蔵 3〜4日　冷凍 2〜3週間

材料（4〜5人分）

- 玉ねぎ………3個
- サラダ油…大さじ1
- バター……大さじ2
- 酒…………大さじ2

A
- しょうゆ………大さじ2
- 砂糖……………大さじ2
- 酒………………大さじ1

作り方

1. 玉ねぎは皮をむいて2cm厚さの輪切りにする。

2. フライパンにサラダ油とバター大さじ1を熱し、**1**を重ならないように並べ入れ、両面焼きつける。

3. 酒を加え、ふたをして少し蒸し焼きにする。半透明になり中まで火が通ったら、Aを加えて煮からめる。仕上げにバター大さじ1を加える。

調理のポイント　フライパンが小さい場合は、数回に分けて焼き、焼きムラができないようにしましょう。

20分　127Kcal

玉ねぎのカレー蒸し

カレー粉が、玉ねぎの甘みを存分に引き立てます。

冷蔵 3〜4日　冷凍 2〜3週間

材料（4〜5人分）

- 玉ねぎ……………3個
- A
  - 塩、こしょう…各少量
  - カレー粉………適量
- オリーブ油………大さじ1

B
- 白ワイン………大さじ2
- 水………………大さじ2
- 洋風スープの素（くだく）……………少量
- ローリエ………1枚

作り方

1. 玉ねぎは皮をむいて6等分のくし形に切り、Aの塩、こしょう、カレー粉の順に両面にふる。

2. フライパンにオリーブ油を熱し、**1**を並べ入れる。Bを加えてふたをして、汁けがなくなるまで蒸し煮にする。

調理のポイント　蒸し煮する前にカレー粉を玉ねぎにまんべんなくつけておくと、玉ねぎに味がよくしみ込みます。

20分　72Kcal

Part 2

ムダなく使い切り！ 野菜たっぷりおかず

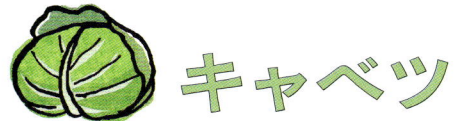
キャベツ

ボリューミーなキャベツは、火を通すとかさが減るのでたっぷりいただけます。春キャベツはふんわりと巻いているものを、冬キャベツは固く巻いているものを選びましょう。

キャベツと桜エビのソース炒め
香ばしい桜エビの風味がキャベツによく合う！

冷蔵 3〜4日　冷凍 2〜3週間

15分　132Kcal

材料（4〜5人分）
- キャベツ……………………½個
- サラダ油……………………大さじ1
- 桜エビ………………………15g
- A ┌ とんかつソース…大さじ2
  └ 塩、こしょう……各少量

作り方
1. キャベツはざく切りにする。
2. フライパンにサラダ油を熱し、1を入れてしんなりするまで炒める。
3. 2に桜エビを加えて炒め合わせ、Aを加えて調味する。

キャベツとひよこ豆のデミグラスソース煮
デミグラスソースがしっかりからんだ、洋風の煮ものです。

冷蔵 3〜4日　冷凍 2〜3週間

20分　206Kcal

材料（4〜5人分）
- キャベツ……………………½個
- バター………………………大さじ1
- A ┌ デミグラスソース缶
  │　………1缶（290g）
  └ 水……………カップ½
- ひよこ豆水煮缶
  　………1缶（130g）
- 塩、こしょう………各少量

作り方
1. キャベツは大きめのざく切りにする。
2. フライパンにバターを溶かし、1を入れて炒め、Aを加える。
3. 2が沸騰したら、ひよこ豆水煮缶を加える。キャベツがしんなりするまで煮て、塩、こしょうで調味する。

保存ポイント　デミグラスソースもたっぷり容器に入れて保存し、味をなじませましょう。

蒸しキャベツのみそあえ

キャベツと甘辛いみそ味が相性抜群！

冷蔵 3〜4日 / 冷凍 2〜3週間

10分 / 140Kcal

材料（4〜5人分）

- キャベツ……½個
- A
  - みそ……大さじ3
  - 砂糖……大さじ2
  - 酒……大さじ1
  - ごま油……大さじ1
- 白ごま……少量

作り方

1. キャベツはざく切りにする。
2. **A** はよく混ぜておく。
3. 耐熱ボウルに **1** を入れ、**2** をのせ、ラップをして電子レンジで5分加熱する。よく混ぜ、白ごまをふる。

調理のポイント 調味料をキャベツの上にのせ、電子レンジで加熱したあとに混ぜます。そうすることによって、調味料にもよく火が通り混ざりやすくなります。キャベツ全体に味が行きわたるようにしっかり混ぜましょう。

キャベツのオーブントースター焼き

さっぱり味のキャベツをがぶりといただきましょう。

冷蔵 3〜4日 / 冷凍 2〜3週間

15分 / 138Kcal

材料（4〜5人分）

- キャベツ……½個
- ごま油……大さじ2
- A
  - ポン酢しょうゆ……大さじ4
  - 削りがつお……1パック

作り方

1. キャベツは4等分のくし形切りにし、平たい耐熱皿に置く。
2. **1** にごま油をかけ、オーブントースターで約10分、しんなりするまで焼き、**A** をかける。

調理のポイント オーブントースターで焼く際に表面が焦げそうなときは、上にアルミホイルをかけましょう。

Part 2

ムダなく使い切り！野菜たっぷりおかず

ピーマン

意外と早くいたんでしまうピーマンは、作りおきしてお弁当のおかずにも活用。ゆでたり、縦に切ったりして、苦みを抑えることができます。ヘタや表面の緑が鮮やかなものを選びましょう。

ピーマンとちくわのオイスターソース炒め

ピーマンとちくわの食感の違いも楽しい！

冷蔵 3～4日　冷凍 2～3週間

15分　180Kcal

材料（4～5人分）
- ピーマン……5個
- ちくわ……2本
- にんにく……1かけ
- ごま油…大さじ1
- A
  - オイスターソース……小さじ2
  - しょうゆ……小さじ1
  - 砂糖……小さじ2
  - 酒……大さじ1
  - 塩、こしょう…各少量

作り方
1. ピーマンはヘタと種を取って、ちくわとともにせん切りにする。にんにくは皮をむいてみじん切りにする。
2. フライパンにごま油を熱し、1のにんにく、ピーマン、ちくわの順に入れて炒め合わせる。
3. 2にAを加えて調味する。

ピーマンのツナマヨ詰め焼き

ピーマンの器にツナマヨを詰めて！チーズがとろ～りとろけます。

冷蔵 3～4日　冷凍 2～3週間

25分　83Kcal

材料（4～5人分）
- ピーマン……5個
- ツナ缶…大1缶（175g）
- 玉ねぎ……1/8個
- 小麦粉……少量
- ピザ用チーズ……50g
- A
  - マヨネーズ……大さじ2
  - 塩、こしょう……各少量

作り方
1. ピーマンはヘタをつけたまま縦半分に切り、種を取る。
2. ツナ缶は缶汁を切ってほぐす。玉ねぎは皮をむいてみじん切りにする。ボウルにAとともに入れて混ぜ、10等分にする。
3. 1の内側に小麦粉をふり、2を詰める。
4. 3にピザ用チーズをのせ、オーブントースターでこんがりと焼く。

ゆでピーマンのピーナツバターあえ
ピーナツバターがピーマンによくなじんで、コクのある味わいに！

冷蔵 3〜4日　冷凍 2〜3週間

材料（4〜5人分）
- ピーマン……………………………5個
- A
  - ピーナツバター（微糖タイプ）…大さじ2
  - 酒………………………………大さじ1
  - 砂糖……………………………小さじ2
  - 塩………………………………小さじ1/3
- こしょう……………………………少量

作り方
1. ピーマンはヘタと種を取り、縦に1cm幅に切ってゆで、ざるにあげる。ペーパータオルに包んで、水けをとる。
2. ボウルにを入れてよく混ぜ、1を加えてあえる。

保存ポイント　しっかり水けをふきとり、いたみを防ぎます。さらに、タレがピーマンによくなじみ、保存性がアップ。

15分　32Kcal

ピーマンの焼きびたし
赤とうがらしがピリリときいて、箸が止まらない一品です。

冷蔵 3〜4日　冷凍 2〜3週間

材料（4〜5人分）
- ピーマン……………………5個
- A
  - めんつゆ（2倍濃縮）…………カップ1/4
  - 水………………………カップ1/2
  - 赤とうがらし（輪切り）…………1本分

作り方
1. 小鍋にを入れて沸騰させ、保存容器に入れる。
2. ピーマンはヘタと種を取り、縦4等分に切る。
3. 2をグリルか焼き網でこんがり焼き、熱いうちに1に漬ける。

調理のポイント　焼きたてを漬け汁に漬けることで、冷めるときに味がしみ込んでいきます。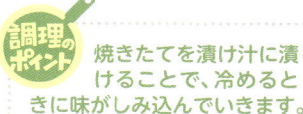

保存ポイント　漬け汁を一度沸騰させることで、殺菌作用を高めるのにもつながります。

15分　36Kcal

Part 2　ムダなく使い切り！野菜たっぷりおかず

にんじん

にんじんは、切り口からいたみやすくなるので、買ったら丸ごと使いきる作りおきおかずにするのがおすすめです。芯が細く茎の切り口が黒ずんでいないものを選びましょう。

にんじんのごま炒め

バターとごまのコクがにんじんの甘みを引き立てる！

冷蔵 3〜4日 / 冷凍 2〜3週間

材料（4〜5人分）
- にんじん………………………2本
- バター…………………………大さじ1
- 塩、こしょう…………………各少量
- 白ごま…………………………大さじ2

作り方
1. にんじんは短冊切りにする。
2. フライパンにバターを溶かし、1を入れて炒める。塩、こしょうで調味し、白ごまをまんべんなくふって混ぜる。

調理のポイント にんじんは、薄い短冊切りにし、よく火を通します。調理時間の短縮にもつながります。

20分 / 69Kcal

にんじんのチヂミ

にんじんたっぷり！もちもちの簡単チヂミです。

冷蔵 3〜4日 / 冷凍 2〜3週間

材料（4〜5人分）
- にんじん……………… 2本
- A
  - 小麦粉……… カップ1
  - 片栗粉……… 大さじ3
  - 水……………カップ¾
  - 鶏がらスープの素……………………少量
  - 塩、こしょう…各少量
- サラダ油………… 小さじ2
- ごま油…………… 大さじ2
- コチュジャン……… 少量

作り方
1. にんじんはスライサーで薄い輪切りにする。
2. ボウルにAを入れて混ぜ、1を加えてさらに混ぜる。
3. フライパンにサラダ油小さじ1を薄くひき、2の½量を流し入れ、薄く広げて焼く。こんがり焼き目がついたら裏返し、ごま油大さじ1を周りから加えてカリッと焼く。同様にもう1枚焼く。
4. 食べやすく切り分け、コチュジャンをぬる。

保存ポイント 生地を薄くのばして焼くと、中までよく火が通って保存性が上がります。

25分 / 195Kcal

にんじんの素揚げ

冷蔵 3〜4日 / 冷凍 2〜3週間

ピリッと辛い黒こしょうがアクセント！

材料（4〜5人分）
- にんじん……………………………2本
- サラダ油……………………………適量
- 塩、粗びき黒こしょう……………各少量

作り方
1. にんじんは1cm角の棒状に切る。
2. フライパンに多めのサラダ油を熱し、1を入れて素揚げにする。ペーパータオルなどで油をきる。
3. 2に塩、粗びき黒こしょうをふる。

15分 / 105Kcal

食べるときは お好みでレモンを絞ってもおいしくいただけます。

にんじんのクリームチーズあえ

冷蔵 3〜4日 / 冷凍 2〜3週間

クリームチーズのまろやかな酸味とにんじんがベストマッチ！

材料（4〜5人分）
- にんじん……………………………2本
- クリームチーズ……………………100g
- A［レモン汁………………………大さじ4
  　 塩、こしょう…………………各少量］
- レーズン……………………………大さじ4

作り方
1. にんじんはせん切りにし、水にさらす。
2. クリームチーズは室温にもどし、ボウルに入れる。Aを加えて混ぜる。
3. 1をペーパータオルに包んで水けをしっかりふき、レーズンとともに2に加えてあえる。

20分 / 132Kcal

保存ポイント にんじんを水にさらしたあとは、水けをふきとりましょう。保存力アップにつながります。

Part 2 ムダなく使い切り！野菜たっぷりおかず

じゃがいも

じゃがいもは湿度や温度に敏感な野菜なので、早めに使い切って。調理後は、冷凍すると食感が変わってしまうので、冷蔵保存が基本です。

まんまコロッケ

冷蔵 3〜4日　冷凍 NG

じゃがいもをそのまま揚げて、ほくほく感アップ！

材料（4〜5人分）

- じゃがいも……3個
- 塩、こしょう……各少量
- A
  - 小麦粉……大さじ3〜4
  - 溶き卵……1個
  - パン粉……カップ2
- サラダ油……適量

作り方

1. じゃがいもは皮をむき、1cm厚さに切って、塩、こしょうをふる。
2. 1にAの衣を小麦粉、溶き卵、パン粉の順につける。
3. フライパンに多めのサラダ油を熱し、2を入れて揚げ焼きにする。

20分　232Kcal

食べるときは　そのまま食べても、お好みでソースをかけて食べてもおいしいです。

じゃがいものソース炒め

冷蔵 3〜4日　冷凍 NG

ソースと青のりで屋台風の味つけに！

材料（4〜5人分）

- じゃがいも……3個
- サラダ油……大さじ1
- A
  - とんかつソース……大さじ4
  - 塩、こしょう……各少量
- 青のり……少量

作り方

1. じゃがいもは皮つきのままラップで包み、電子レンジで7〜8分加熱する。
2. 1が熱いうちに皮をむいて乱切りにする。
3. フライパンにサラダ油を熱し、1を入れて炒める。Aを加えて調味し、青のりをふる。

20分　89Kcal

食べるときは　ようじをさして、おやつ感覚でも食べられます。マヨネーズをつけてもGOOD！

じゃがいものアンチョビクリーム煮

アンチョビの塩けがお酒にも合うおかずです。

冷蔵 3〜4日 / 冷凍 NG

材料（4〜5人分）
- じゃがいも……3個
- アンチョビ……6切れ
- にんにく……1かけ
- 生クリーム……カップ1
- 塩……少量
- 粗びき黒こしょう……少量

作り方
1. じゃがいもは皮をむき、スライサーで薄切りにする。
2. アンチョビは8mm幅に斜め切りにする。にんにくは皮をむいてすりおろす。
3. フライパンに1、生クリーム、2、塩、粗びき黒こしょうを入れて火にかけ、じゃがいもがやわらかくなるまで煮る。

調理のポイント　スライサーで薄く切ることによって、火が早く通り、調理時間を短縮できます。

15分 / 248Kcal

じゃがいもの甘酢漬け

じゃがいものシャキシャキ食感を生かして！

冷蔵 3〜4日 / 冷凍 NG

材料（4〜5人分）
- じゃがいも……3個
- A
  - 酢……大さじ2
  - 水……大さじ2
  - 砂糖……大さじ2
  - 塩……小さじ⅓
  - 赤とうがらし（輪切り）……1本分

作り方
1. じゃがいもは皮をむき、生のままでせん切りにする。ざるに入れて熱湯をかける。
2. 鍋にAを入れて沸騰させ、保存容器に入れる。しっかり水けをきった1を加えてあえる。

調理のポイント
- 芽や緑化した部分は、包丁で丁寧に取り除くことを忘れずに。
- じゃがいものシャキシャキの食感を残すため、熱湯をかけてほどよく火を通します。

15分 / 67Kcal

Part 2　ムダなく使い切り！野菜たっぷりおかず

もやし

年中安く手に入るボリューム満点のお手軽野菜。もやしはそのままだと保存期間が短いので、買ったら早めに調理し、作りおきするとGOOD！

もやしのカリカリガーリックベーコン炒め

カリカリに焼いたベーコンとシャキシャキのもやしの食感が楽しい！

冷蔵 3〜4日 / 冷凍 2〜3週間

15分 / 97Kcal

材料（4〜5人分）
- もやし……1袋
- ベーコン……4枚
- にんにく…1かけ
- オリーブ油…大さじ1
- 塩、こしょう…各少量

作り方
1. もやしはひげ根を除く。ベーコンは1cm幅に切る。にんにくは皮をむいて薄切りにする。
2. フライパンにオリーブ油を熱し、1のベーコンを入れ、カリカリに炒める。
3. 2に1のにんにくを加え、こんがりしてきたら、もやしを加えてさっと炒める。塩、こしょうで調味する。

もやしのあんかけ

鶏がらスープで味つけした、中華風のあんかけです。

冷蔵 2〜3日 / 冷凍 2〜3週間

20分 / 70Kcal

材料（4〜5人分）
- もやし……………1袋
- なると……………1本
- しょうが…………1かけ
- 万能ねぎ………4〜5本
- サラダ油………大さじ1
- A
  - 水………カップ½
  - 鶏がらスープの素……少量
  - 酒………大さじ1
  - 塩………小さじ⅓
  - 砂糖……小さじ1
  - こしょう………少量
- 水溶き片栗粉…水大さじ1＋片栗粉大さじ½
- ごま油……………少量

作り方
1. もやしはひげ根を除く。なるとは縦半分に切り、斜め薄切りにする。しょうがは皮をむいてせん切りにする。
2. 万能ねぎは斜め切りにする。
3. フライパンにサラダ油を熱し、1を入れて炒める。Aを加えて沸騰したら、水溶き片栗粉を加えてとろみをつける。ごま油を回し入れ、2を散らす。

もやしのナムル

冷蔵 3〜4日 / 冷凍 2〜3週間

ごま油とにんにくの香りが際立つ、絶品ナムル！

材料（4〜5人分）

- もやし……………………… 1袋
- しょうが、にんにく…各1かけ
- 長ねぎ……………………… 5cm

A
- 塩…………………… 小さじ1/3
- 砂糖………………… 小さじ1
- すり白ごま………… 大さじ2
- こしょう…………………少量
- ごま油……………… 小さじ1

作り方

1. もやしはひげ根を除く。
2. しょうが、にんにくは皮をむいて、長ねぎとともにみじん切りにする。
3. 1を塩ゆでし、ざるにあげて熱いまましっかり水けをきってボウルに入れる。2、Aの塩、砂糖、すり白ごま、こしょう、ごま油の順に加えてあえる。

調理のポイント　もやしをゆでたあと、熱いうちにざるにあげると、水けがよくとび、早くきれます。よくきってから調味料を混ぜましょう。

20分 / 41Kcal

ゆでもやしのたらこバター

冷蔵 3〜4日 / 冷凍 2〜3週間

相性抜群のたらことバターをもやしにたっぷりからめて。

材料（4〜5人分）

- もやし……………………… 1袋
- たらこ……………………… 1腹（2本）
- バター……………………… 大さじ2

作り方

1. たらこは薄皮を除いてほぐし、ボウルに入れ、室温にもどしたバターと混ぜる。
2. もやしはひげ根を除き、塩ゆでし、熱いまましっかり水けをきる。1に加えてあえる。

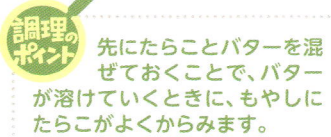

調理のポイント　先にたらことバターを混ぜておくことで、バターが溶けていくときに、もやしにたらこがよくからみます。

15分 / 82Kcal

Part 2　ムダなく使い切り！野菜たっぷりおかず

かぼちゃ

かぼちゃはカットされた状態ではあまり保存がきかないので、一度に調理して使い切って！ 種がしっかり詰まっていて、色が鮮やかなものを選びましょう。

冷蔵 3〜4日 / 冷凍 2〜3週間

かぼちゃの塩バター煮
塩バターが、かぼちゃの甘みをよりいっそう引き立てます。

材料（4〜5人分）
- かぼちゃ……………………1/4個分
- 水………………………カップ1½
- A
  - バター………………大さじ1
  - 塩……………………小さじ1
  - 粗びき黒こしょう…小さじ1
- バター………………………大さじ1
- ダイスナッツ（アーモンド）
  　　　　　　　　　　……大さじ2

作り方

1. かぼちゃは種を取り、3〜4cm大に切る。包丁で角を薄くそぎ取って面取りをする。

2. 鍋に水を沸騰させ、Aを入れて、1を並べ入れる。落としぶたをして汁けがなくなるまで煮る。

3. 仕上げにバター大さじ1を加え、煎ったダイスナッツを散らす。

調理のポイント
香りが逃げないように最後にバターを入れます。油のコーティングで旨みをとじ込めます。

20分

かぼちゃの照り焼き

甘辛の調味料を煮からめて、つやつやの照りに。

冷蔵 3〜4日 / 冷凍 2〜3週間

材料（4〜5人分）
- かぼちゃ･････････････････¼個分
- サラダ油･････････････････大さじ1
- A
  - しょうゆ･･･････････････大さじ2
  - みりん･････････････････大さじ2
  - 砂糖･･･････････････････大さじ1

作り方
1. かぼちゃは種を取り、1〜2cmの厚さに切る。
2. フライパンにサラダ油を熱し、**1**を並べ入れて両面焼く。
3. **2**に**A**を加えて煮からめる。

調理のポイント　かぼちゃのほくほくの食感を楽しむために、薄く切らないようにしましょう。

15分 / 106Kcal

かぼちゃサラダ

しっとりとしたかぼちゃに具がたっぷり入ったサラダ。

冷蔵 2〜3日 / 冷凍 2〜3週間

材料（4〜5人分）
- かぼちゃ･････････････････¼個
- 玉ねぎ･･･････････････････¼個
- 酢･･･････････････････････大さじ1
- 卵･･･････････････････････1個
- 魚肉ソーセージ･････････････1本
- ピーマン･････････････････1個
- A
  - マヨネーズ･････････････大さじ3
  - 塩、こしょう･･･････････各少量

作り方
1. かぼちゃは種を取り、ラップで包み、電子レンジで5分加熱する。
2. 玉ねぎは皮をむいてみじん切りにする。
3. **1**は熱いうちに、皮を除いてつぶし、ボウルに入れ、**2**、酢を加えて混ぜる。
4. 卵は固めにゆで、殻をむき、粗くつぶす。魚肉ソーセージは5mm厚さの半月切りにする。ピーマンはヘタと種を取り、1cm角に切り、ラップで包んで電子レンジで1分加熱する。
5. **3**が冷めてから、**A**を加えて混ぜ、さらに**4**を加えて混ぜる。

20分 / 141Kcal

Part 2　ムダなく使い切り！野菜たっぷりおかず

きゅうり

きゅうりは、火を通したりしっかり味をつけたりと作りおき向きの調理方法がたくさん。冷蔵で保存します。色が濃く、いぼが尖っているものを選びましょう。

塩きゅうり

にんにくがガツンときいた、超簡単レシピ！

冷蔵 3〜4日　冷凍 NG

材料（4〜5人分）

- きゅうり……………………3本
- にんにく……………………1かけ
- 塩……………………小さじ½

作り方

1. きゅうりは皮をむいて長めの乱切りにする。にんにくは皮をむいてみじん切りにする。
2. 保存容器に 1、塩を入れる。ふたをして軽く容器をふって1時間おき、水けをきる。

70分　11kcal

調理のポイント

- 材料を容器に入れてふると、手を汚さずに作れます。
- にんにくの臭いが気になるときは、みじん切りではなく薄くスライスすると和らぎます。

きゅうりとカニかまの甘酢あえ

食卓にあるとうれしい、さっぱりとした一品です。

冷蔵 3〜4日 / 冷凍 NG

材料（4〜5人分）
- きゅうり……3本
- 塩……少量
- カニかま……12本（84g）
- A
  - 酢……大さじ3
  - 砂糖……大さじ3
  - 塩……小さじ2/3

作り方
1. きゅうりは1本を3等分の長さにし、さらに縦に8つ割りにする。塩をふり、しんなりしたら水けをしぼる。
2. カニかまは粗くほぐす。
3. ボウルにAを入れて混ぜ、1、2を加えてあえる。

調理のポイント　きゅうりとカニかまの大きさをそろえることによって、調味料が全体によくなじみます。

15分 / 47Kcal

きゅうりとウインナーのソース炒め

丸く切ったころころのきゅうりとウインナーの炒めものです。

冷蔵 3〜4日 / 冷凍 NG

材料（4〜5人分）
- きゅうり……3本
- にんにく……1かけ
- ウインナー……6本
- オリーブ油……大さじ1
- A
  - とんかつソース……大さじ2
  - 塩、こしょう、ペッパーソース……各少量

作り方
1. きゅうりはピーラーで3か所皮をむき、1cm厚さの輪切りにする。にんにくは皮をむいてみじん切りにする。
2. ウインナーは1cm厚さの輪切りにする。
3. フライパンにオリーブ油を熱し、1を入れて炒め、Aを加えて調味する。仕上げに2を加えて炒め合わせる。

調理のポイント　きゅうりの皮をところどころむくことによって、味がしみ込みやすくなります。

15分 / 119Kcal

Part 2　ムダなく使い切り！野菜たっぷりおかず

グリーンアスパラガス

加熱したり漬けものにしても、独特の食感を楽しめるアスパラガス。茎は真っ直ぐ伸び、緑が濃く、切り口がみずみずしいものを選んで。

冷蔵 3〜4日 / 冷凍 2〜3週間

アスパラのみそ漬け

みそ味がたっぷりしみ込んだ、アスパラの漬けものです。

材料（4〜5人分）
- グリーンアスパラガス …… 2束（10本）
- A [みそ …… 大さじ3
     酒 …… 大さじ1]

作り方
1. Aはよく混ぜておく。
2. グリーンアスパラガスは固い根元は切り落とし、5〜6cm長さに切り、保存容器に入れる。
3. 1をまぶして混ぜ、冷蔵庫でひと晩漬ける。

10分　漬け込み…1晩　35Kcal

調理のポイント
みそがグリーンアスパラガス全体に行きわたるようしっかり混ぜてから漬けます。

食べるときは
余分なみそを落としていただきます。

アスパラのコンビーフ炒め

アスパラガスとコンビーフが相性抜群！ おつまみにも最適です。

冷蔵 3～4日 / 冷凍 2～3週間

材料（4～5人分）
- グリーンアスパラガス…2束（10本）
- コンビーフ缶………小1缶（100g）
- サラダ油……………………大さじ1

作り方
1. グリーンアスパラガスは固い根元は切り落とし、熱湯で色よくゆで、5～6cm長さに切る。
2. コンビーフ缶はほぐす。
3. フライパンにサラダ油を熱し、2、1を順に入れて炒め合わせる。

15分

焼きアスパラのしょうがじょうゆ

適度な食感を残し、香ばしく焼きました。

冷蔵 3～4日 / 冷凍 2～3週間

材料（4～5人分）
- グリーンアスパラガス……………2束（10本）
- A
  - しょうゆ……大さじ1
  - 酒……………大さじ1
  - しょうがのすりおろし……………1かけ分

作り方
1. Aは保存容器に入れ、よく混ぜておく。
2. グリーンアスパラガスは固い根元は切り落とし、1本のままグリルか網焼きでこんがり焼く。
3. 2を保存容器の大きさに合わせ、キッチンバサミなどで切り、熱いうちに1に加えて全体をよく混ぜる。

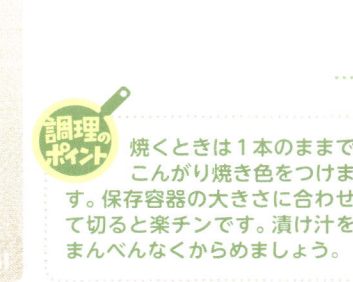

15分

調理のポイント　焼くときは1本のままでこんがり焼き色をつけます。保存容器の大きさに合わせて切ると楽チンです。漬け汁をまんべんなくからめましょう。

Part 2　ムダなく使い切り！ 野菜たっぷりおかず

トマト

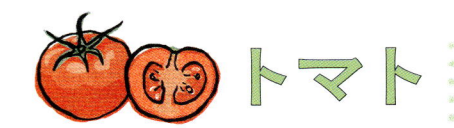

トマトは、火を通してもマリネにしてもジューシーなおいしさを味わえます。皮につやとはりがあり、ヘタの緑色が鮮やかなものを選びましょう。

プチトマトのグラッセ

トマト本来の甘みを生かした、見た目もかわいらしいグラッセです。

冷蔵 3～4日　冷凍 NG

材料（4～5人分）

- プチトマト……1パック（15個）
- A
  - 砂糖……カップ½
  - 水……カップ1
  - シナモンスティック……1本

作り方

1. プチトマトはヘタを除き、熱湯にくぐらせ皮をむく。
2. 小鍋にAを入れて沸騰させてシロップを作り、保存容器に入れる。
3. 2が温かいうちに1を漬ける。

調理のポイント
プチトマトは皮をむいたら、温かいシロップに漬けて味をしみ込ませましょう。

食べるときは
冷蔵庫でしっかり冷やすと、よりいっそうおいしく！

20分　13kcal

トマトのバルサミコマリネ

さわやかな酸味が口いっぱいに広がります。

冷蔵 3〜4日 / 冷凍 NG

材料（4〜5人分）

- トマト……………………3個
- A
  - 玉ねぎ（みじん切り）…¼個分
  - バルサミコ酢………大さじ2
  - 塩……………………小さじ⅓
  - こしょう………………少量
- オリーブ油……………大さじ4

作り方

1. トマトはヘタを取り、1㎝厚さの輪切りにする。
2. ボウルにAを入れて混ぜ、オリーブ油を加えてさらに混ぜる。
3. 保存容器に1を並べ、2をかける。

15分

スタッフドトマト

トマトの器に、具材をたっぷり詰め込んで。

冷蔵 3〜4日 / 冷凍 NG

材料（4〜5人分）

- トマト……………3個
- ベーコン…………2枚
- 玉ねぎ……………⅛個
- しいたけ…………2枚
- ブロッコリー……4房
- オリーブ油…大さじ1
- 塩、こしょう…各少量
- ピザ用チーズ……30g

作り方

1. トマトはヘタを取り、横半分に切り、スプーンで中をくり抜く。
2. ベーコンは1㎝幅に切る。玉ねぎは皮をむいてみじん切りにする。しいたけはいしづきを取り、4つ割りにする。ブロッコリーは小房に分け、色よく塩ゆでして細かく刻む。
3. フライパンにオリーブ油を熱し、2を順に入れて炒め、塩、こしょうで調味する。
4. 3を6等分にし、1に詰め、ピザ用チーズをのせる。オーブントースターで表面に焼き色がつくまで焼く。

20分　102Kcal

Part 2

ムダなく使い切り！野菜たっぷりおかず

ほうれん草

栄養満点のほうれん草は、作りおきおかずでぜひストックしておきたい食材！ 全体的に葉肉が厚く、根元の赤みが強いものを選びましょう。

冷蔵 3〜4日　冷凍 2〜3週間

ほうれん草のキッシュ風

朝食やおやつにもピッタリ！ ほうれん草たっぷりのキッシュです。

材料（4〜5人分）

- ほうれん草………………1束
- ベーコン…………………4枚
- 玉ねぎ……………………¼個
- バター…………………大さじ1
- 塩、こしょう……………各少量
- 卵…………………………3個
- 生クリーム……………カップ¾
- ピザ用チーズ……………100g

作り方

1. ほうれん草は塩ゆでして水けをしぼり、3〜4cm長さに切る。ベーコンは1cm幅に切る。玉ねぎは皮をむいて薄切りにする。バターを溶かしたフライパンで切った食材を炒め、塩、こしょうをふる。

2. ボウルに卵を割り入れて溶きほぐす。生クリームを加え、塩、こしょうをふる。

3. 耐熱皿にアルミホイル（くっつかないタイプ）を敷き、**1**、ピザ用チーズを交互に入れ、**2**を注ぐ。

4. 200度に熱したオーブンで、約20分焼く。

5. **4**が冷めてから食べやすく切り分ける。

調理のポイント　耐熱皿にくっつきやすいため、アルミホイルを敷いて焼くのがおすすめ。また、オーブンで焼く際、表面が焦げそうなら、アルミホイルをかぶせましょう。

40分　218Kcal

ほうれん草とコーン炒め

緑と黄色が鮮やか！ 子どもも大好きな定番おかず！

冷蔵 3〜4日　冷凍 2〜3週間

材料（4〜5人分）

ほうれん草…1束　　コーン缶…小1缶（130g）
バター…大さじ1　　塩、こしょう………各少量

作り方

1. ほうれん草は色よく塩ゆでし、水けをしぼり、3〜4cm長さに切る。
2. フライパンにバターを溶かし、1、コーン缶を入れて炒め合わせる。塩、こしょうで調味する。

15分　51Kcal

保存ポイント　お弁当用カップに小分けして保存しておけば、忙しい朝でもお弁当にさっと入れられます。

ほうれん草とりんごのツナあえ

りんごのほどよい酸味で、味を引き締めます。

冷蔵 3〜4日　冷凍 NG

材料（4〜5人分）

ほうれん草…………1束
りんご………………½個
ツナ缶…大1缶（175g）
A［白ワインビネガー
　　　………大さじ1
　塩………小さじ¼
　こしょう………少量
　粒マスタード
　　　………小さじ1］
オリーブ油……大さじ2

作り方

1. ほうれん草は塩ゆでして水けをしぼり、3〜4cm長さに切る。りんごはいちょう切りにし、塩水（分量外）にさっとつける。ペーパータオルに包んで水けをふく。ツナ缶は缶汁を切り、ほぐす。
2. ボウルにAを入れて混ぜ、オリーブ油を加えてさらに混ぜる。
3. 2に1を加えてあえる。

15分　84Kcal

保存ポイント　ツナ缶の汁ごと入れると油っぽくなってしまうので、きって使います。

Part 2　ムダなく使い切り！ 野菜たっぷりおかず

長ねぎ

長ねぎを主役として調理し、たっぷり作りおきしましょう！白い部分と緑の部分のコントラストがはっきりしているものを選びましょう。

焼きねぎのわさび風味マリネ

お酒にも合う、わさびがきいた大人味のマリネです。

冷蔵 3〜4日 / 冷凍 2〜3週間

材料（4〜5人分）

- 長ねぎ……………………2本
- A
  - 白ワインビネガー…大さじ1
  - 塩………………………小さじ¼
  - こしょう………………少量
  - わさび漬け……………大さじ2
- オリーブ油………………大さじ2

作り方

1. 保存容器にAを入れて混ぜ、オリーブ油を加えてさらに混ぜる。
2. 長ねぎは5〜6cm長さに切る。グリルか焼き網でこんがり焼き、熱いうちに1に漬ける。

調理のポイント
焼き上がった長ねぎから、熱いうちに調味料に漬けていきましょう。冷めるときに味がしみ込みます。

15分 / 63Kcal

ねぎの天ぷら

冷蔵 3~4日 / 冷凍 2~3週間

口いっぱいにねぎの甘みが広がります。

材料（4〜5人分）

長ねぎ…………… 2本	天ぷら粉……少量
A 天ぷら粉…カップ1 水…………カップ¾	サラダ油……適量

作り方

1. 長ねぎは3〜4cm長さに切る。
2. ボウルにAを入れて混ぜる。
3. 1に天ぷら粉をまぶし、2をからめる。
4. フライパンに多めのサラダ油を熱し、3を揚げ焼きにする。

食べるときは お好みで塩をふり、レモンを絞りましょう。

15分 / 149Kcal

ねぎのからし酢みそあえ

冷蔵 3~4日 / 冷凍 2~3週間

酢みそがねぎにしみ込んで、さっぱりいただけます。

材料（4〜5人分）

- 長ねぎ……………………… 2本
- ささかまぼこ…………… 4枚（90g）
- A
  - みそ……………………… 大さじ2
  - 砂糖……………………… 大さじ2½
  - 酢………………………… 大さじ2
  - からし…………………… 小さじ1

作り方

1. 長ねぎは1cm厚さの斜め切りにし、さっとゆでる。ペーパータオルに包んで水けをふく。
2. ささかまぼこはそぎ切りにする。
3. ボウルにAを入れて混ぜ、1、2を加えてあえる。

食べるときは 温めても冷たいままでもおいしくいただけます。

15分 / 67Kcal

Part 2 ムダなく使い切り！野菜たっぷりおかず

ブロッコリー

ブロッコリーは小房に分けてゆでるだけではありません。いろいろな調理法で作りおきしておくとお弁当にも便利です。つぼみが詰まっているものを選びましょう。

ブロッコリーのくるみみそあえ
食感も楽しめる、どこかなつかしいくるみみそ味です。

冷蔵 3~4日　冷凍 2~3週間

材料（4～5人分）
- ブロッコリー……………1株
- くるみ……………………30g
- A
  - みそ……………大さじ2
  - 砂糖……………大さじ1と½

作り方
1. くるみは刻み、ボウルにAとともに入れて混ぜる。
2. ブロッコリーは小房に分けて塩ゆでし、ざるにあげて水けをきる。
3. 2が熱いうちに1に加えてあえる。

15分　83Kcal

調理のポイント　ブロッコリーはゆでたあと冷水にとると、水分を吸ってしまい、水っぽくなってしまいます。ざるにあげ、そのまま水けをきりましょう。

ブロッコリーのベーコン巻き焼き

ひと口サイズで食べやすい！ お弁当のおかずにもピッタリです。

冷蔵 3～4日 / 冷凍 2～3週間

材料（4～5人分）
ブロッコリー…1株　　サラダ油…大さじ1
ベーコン………8枚

作り方
1. ブロッコリーは小房に分ける（大きい房は縦半分に切り、16個に分ける）。塩ゆでし、ざるにあげてそのまま冷ます。
2. ベーコンは縦半分に切り、1に巻きつけ、ようじでとめる。
3. フライパンにサラダ油を熱し、2を並べ入れ、焼きつける。

20分　172Kcal

刻みブロッコリーのアンチョビ炒め

ブロッコリーを小さく刻んだ、一風変わった炒めもの。

冷蔵 3～4日 / 冷凍 2～3週間

材料（4～5人分）
ブロッコリー……1株　　オリーブ油…大さじ1
にんにく………1かけ　　塩、こしょう…各少量
アンチョビ…6～7枚

作り方
1. ブロッコリーは小房に分けて塩ゆでし、ざるにあげてそのまま冷ます。包丁で細かく刻む。
2. にんにくは皮をむいて、アンチョビとともにみじん切りにする。
3. フライパンにオリーブ油を熱し、2を入れて炒め、さらに1を加えてからめる。
4. 塩加減をみて、足りなければ、塩、こしょうで調味する。

20分　44Kcal

Part 2　ムダなく使い切り！ 野菜たっぷりおかず

なす

なすは作りおきしておくと、味がよくしみ込んでさらにおいしくなる食材です。変色しやすいので、高温で手早く調理しましょう。ヘタのトゲが鋭く、とがっているものが新鮮です。

なすのかば焼き

香ばしいかば焼きに、ピリリと山椒をきかせて。

冷蔵 3〜4日 / 冷凍 2〜3週間

15分

材料（4〜5人分）
- なす……5本
- サラダ油……大さじ2
- A
  - しょうゆ……大さじ2
  - みりん……大さじ2
  - 砂糖……大さじ1
- 粉山椒……少量

作り方

1. なすはヘタを取り、縦に4等分に切る。
2. フライパンにサラダ油を熱し、1を並べ入れ、全面をこんがり焼く。
3. 2にAを加えて煮からめる。仕上げに粉山椒をふる。

なすとプチトマトのケチャップ炒め

ケチャップの甘めの味つけで、子どものお弁当にもおすすめ！

冷蔵 3〜4日 / 冷凍 2〜3週間

15分

材料（4〜5人分）
- なす……5本
- にんにく……1かけ
- プチトマト……10個
- オリーブ油……大さじ2
- A
  - トマトケチャップ……大さじ4
  - 塩、こしょう……各少量

作り方

1. なすはヘタを取り、乱切りにする。にんにくは皮をむいてみじん切りにする。プチトマトはヘタを取る。
2. フライパンにオリーブ油を熱し、1のにんにくを入れて炒め、香りがたったらなすを並べ入れて焼きつける。なすがしんなりしたら1のプチトマトを加え、Aを加えて調味する。

揚げなすの三杯酢

なすにしみ込んだ三杯酢が、かむとジュワーッとあふれ出します。

冷蔵 3〜4日　冷凍 2〜3週間

材料（4〜5人分）
- なす……………5本
- A
  - しょうゆ……大さじ2
  - 酢……………大さじ2
  - 砂糖…………大さじ2
  - 塩、こしょう…各少量
  - 豆板醤………小さじ1
- サラダ油………適量

作り方
1. なすはヘタを取り、縦半分に切り、皮目に格子状の切り込みを入れる。
2. 保存容器にAを入れてよく混ぜておく。
3. フライパンに多めのサラダ油を熱し、1を並べ入れ、揚げ焼きにする。熱いうちに、2に漬ける。

調理のポイント　皮目に切り込みを入れると、なすに味がしみ込みやすくなります。

15分

なすのオリーブ油焼き

なすとオリーブで見た目もおしゃれな一品です。

冷蔵 3〜4日　冷凍 2〜3週間

材料（4〜5人分）
- なす……………5本
- にんにく………1かけ
- 塩、こしょう…各少量
- タイム…………2枝
- オリーブ油……大さじ3
- スタッフドオリーブ（輪切り）……適量

作り方
1. なすはヘタを取り、縦に1cm厚さの薄切りにする。にんにくは皮をむいて薄切りにする。
2. オーブンの天板にアルミホイルを敷き、1のなすを並べ、塩、こしょうをふる。1のにんにく、タイムをのせ、オリーブ油を回しかける。
3. 250度に熱したオーブンで2を約15分こんがり焼く。
4. スタッフドオリーブを散らす。

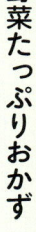

20分　89kcal

Part 2

ムダなく使い切り！野菜たっぷりおかず

大根

断面のきめが細かく、ギュッと詰まっているものがおいしい大根です。カットされた大根は、時間が経つと水分が抜けておいしくなくなるので、すぐに調理しましょう。

輪切り大根のフライパン焼き

食べごたえ抜群！ シンプルな大根のステーキです。

冷蔵 3～4日 / 冷凍 2～3週間

材料（4～5人分）
- 大根 …………… ½本
- 塩、こしょう、小麦粉 …………… 各少量
- ごま油 …………… 大さじ1
- A：しょうゆ…大さじ2 / みりん…大さじ2

作り方
1. 大根は皮をむき、2cm厚さの輪切りにし、両面に格子状の切り込みを入れる。塩、こしょうをふり、小麦粉をまぶす。
2. フライパンにごま油を熱し、1を並べ入れてこんがり焼き目がつくまで両面焼く。Aを回し入れてからめる。

20分 / 132Kcal

調理のポイント：大根に格子状の切り込みを入れることで、調味料がよくしみ込みます。

ふろふき大根の金山寺みそのせ

ひと口食べた瞬間、だしがしみ出します。甘めのみそとベストマッチ！

冷蔵 3～4日 / 冷凍 2～3週間

材料（4～5人分）
- 大根 …………… ½本
- A：だし汁…カップ2 / 塩…………少量
- 金山寺みそ…大さじ4

作り方
1. 大根は皮をむき、3cm厚さに切る。
2. 鍋にAを入れて1を加えて火にかけ、大根がやわらかくなるまで煮る。
3. 2の水けをペーパータオルでふき、保存容器に入れ、金山寺みそをのせる。

20分 / 40Kcal

調理のポイント：大根は竹串がすっとささるくらいまで煮ましょう。

白菜

白菜は、火を通すとかさが減るのでたっぷりの量を使い切って作りおきできます。しっかり葉が巻いていて、切り口が白く新鮮なものを選びましょう。

白菜葉とハムのミルク煮

白菜の葉で作る、クリーミーな一品。使わなかった芯は、ラーパーツァイ(P.58)に！

冷蔵 2〜3日 / 冷凍 2〜3週間

15分 / 58Kcal

材料(4〜5人分)

- 白菜の葉…¼株分(420g)
- 玉ねぎ…………………¼個
- しょうが……………1かけ
- ハム……………………6〜7枚
- サラダ油………………大さじ1
- A
  - 水……………カップ¼
  - 鶏がらスープの素
  　　　　　………………少量
  - 酒……………大さじ1
  - 塩……………小さじ¼
  - 砂糖…………小さじ1
  - こしょう……………少量
- 牛乳……………………カップ⅓
- 水溶き片栗粉…水大さじ1＋片栗粉大さじ½
- ごま油…………………少量

作り方

1. 白菜の葉はざく切りにする。玉ねぎは皮をむいて1cm厚さのくし形切りにする。しょうがは皮をむいて薄切りにする。ハムはいちょう切りにする。

2. フライパンにサラダ油を熱し、1のしょうが、玉ねぎ、白菜を順に入れて炒める。Aを加え、白菜がしんなりするまで煮る。

3. 2に1のハム、牛乳を加える。沸騰したら、水溶き片栗粉を加えてとろみをつけ、ごま油を回し入れる。

白菜のみそ風味ラザニア

白菜を生地の代わりに！ とってもジューシーなラザニアです。

冷蔵 3〜4日 / 冷凍 2〜3週間

30分 / 313Kcal

材料(4〜5人分)

- 白菜………………………¼株
- 豚バラ薄切り肉……230g
- 塩、こしょう………各少量
- ごま油………………大さじ1
- A
  - みそ…………大さじ1½
  - トマトケチャップ
  　　　　………大さじ2
  - 酒……………大さじ1
- ピザ用チーズ………100g
- パン粉、バター……各少量

保存ポイント　耐熱の保存容器に入れて焼くと、そのまま保存することができて洗い物も少なくなります。

作り方

1. 白菜は熱湯でゆで、水けをしっかりしぼる。豚バラ薄切り肉は10cm長さに切り、塩、こしょうをふる。

2. フライパンにごま油を熱し、1の豚肉を並べ入れ、両面焼きつけ、Aを加えて調味する。

3. 耐熱保存容器に、1の白菜、2を交互に重ねる。途中間にピザ用チーズ50gを入れる。一番上に白菜をのせ、残りのピザ用チーズ50g、パン粉、バターをのせる。250度に温めたオーブンで、こんがりチーズが溶けるまで焼く。食べやすく切り込みを入れる。

Part 2　ムダなく使い切り！ 野菜たっぷりおかず

きのこ

たっぷりの旨みや香りが魅力のきのこはおいしくいただくために、買ってから3日以内には調理したいところ。カサが開きすぎず、白い部分が茶色にくすんでないものを選びましょう。

焼きしいたけのにんにくしょうゆあえ

冷蔵 3〜4日 / 冷凍 2〜3週間

ひと口サイズのかわいいおかず！

材料（4〜5人分）

- しいたけ……………12枚
- A
  - しょうゆ……大さじ1
  - にんにくのすりおろし………1かけ分
- クリームチーズ…大さじ4

作り方

1. しいたけはいしづきと軸を取る。Aは混ぜておく。
2. しいたけのひだのほうを上にして天板に並べ、カサの内側にクリームチーズをぬる。クリームチーズの中央を少しへこませ、Aをかけ、オーブントースターでこんがり焼き色がつくまで焼く。

15分 / 48Kcal

マッシュルームの春巻

冷蔵 3〜4日 / 冷凍 2〜3週間

パリッとした皮の中に、マッシュルームをとじ込めて。

材料（4〜5人分）

- マッシュルーム…2パック（12個）
- A
  - にんにく（みじん切り）………2かけ分
  - パセリ（みじん切り）…2枝分
  - 塩、こしょう………各少量
- 春巻の皮……………6枚
- 水溶き小麦粉…水大さじ1＋小麦粉大さじ2
- サラダ油……………適量

作り方

1. マッシュルームはいしづきを取り、縦半分に切ってAをまぶす。
2. 春巻の皮は、1枚を4等分に切り、1を1切れずつのせる。ふちに水溶き小麦粉をぬって、4すみを合わせてとめる。フライパンに多めのサラダ油を熱し、揚げ焼きにする。

20分 / 98Kcal

エリンギの磯辺焼き

冷蔵 3〜4日 / 冷凍 2〜3週間

焼けたしょうゆとのりが香ばしい！

材料（4〜5人分）

- エリンギ……2パック（5〜6本）
- サラダ油……………大さじ2
- A
  - しょうゆ……大さじ1½
  - 砂糖…………大さじ1
  - 酒……………大さじ1
- 焼きのり……………適量

作り方

1. エリンギは縦半分に切る。
2. フライパンにサラダ油を熱し、1を並べ入れ、両面焼く。Aを加えてからめる。
3. 焼きのりは帯状に10〜12枚に切り、2に1枚ずつ巻きつける。

15分 / 68Kcal

海藻

食物繊維が豊富な海藻は、油分が少ないので、油揚げやごま油と合わせて旨みをとじ込めます。箸休めにピッタリのおかずです。

ひじきと枝豆の炒め煮

ご飯のおともにも最適な、ほっとする味わいです。

冷蔵 3〜4日／冷凍 2〜3週間

材料（4〜5人分）
- ひじき（生）……300g
- 油揚げ……1枚
- にんじん……¼本
- 枝豆（冷凍）……100g（さやをむいてカップ⅓）
- ごま油……大さじ1
- A
  - だし汁……カップ¼
  - しょうゆ……大さじ3
  - みりん……大さじ3
  - 砂糖……大さじ1½

作り方
1. 油揚げは短い短冊切りにする。にんじんはせん切りにする。
2. 枝豆は解凍し、さやから出す。
3. フライパンにごま油を熱し、1、ひじきを入れて炒める。Aを加えて汁けがなくなるまで煮詰める。仕上げに2を加えて混ぜる。

20分　122Kcal

わかめのナムル

ヘルシーなわかめにしょうがとにんにくをきかせて。

冷蔵 3〜4日／冷凍 2〜3週間

材料（4〜5人分）
- わかめ（生）……200g
- しょうが、にんにく……各½かけ
- 長ねぎ……5cm
- A
  - しょうゆ……大さじ2
  - 砂糖……大さじ2
  - すり白ごま……大さじ3
  - ごま油……大さじ1

作り方
1. 生わかめは、食べやすく切り分ける。熱湯をかけ、冷水にとり、ざるにあげて水けをきる。
2. しょうが、にんにくは皮をむき、長ねぎとともにみじん切りにし、ボウルに入れる。Aを加えて混ぜ合わせる。
3. 1を2に加えてあえる。

15分　77Kcal

調理のポイント　今回は生わかめを使いましたが、乾燥わかめや塩蔵わかめでも作ることができます。その場合は、水でもどしたり塩抜きしたりしてから調理します。

Part 2　ムダなく使い切り！野菜たっぷりおかず

塩もみでさっとできる！

ご飯のおともや副菜にピッタリの、野菜たっぷりな塩もみレシピをまとめました。簡単に作れて、冷蔵庫に入れておくと何かと重宝するレシピです。

コールスロー

隠し味ははちみつ！ くるみの食感も楽しいコールスローです。

冷蔵 3〜4日 / 冷凍 2〜3週間

15分 / 27Kcal

材料（4〜5人分）
- キャベツ……………1/2個
- 塩……………………小さじ1
- A
  - マヨネーズ………大さじ4
  - はちみつ…………小さじ2
  - 塩、粗びき黒こしょう……各少量
- くるみ………………大さじ2

作り方
1. キャベツは1cm角に切り、ボウルに入れる。塩をふってもみ、しんなりしたら水けをしぼる。
2. 1にAを加えて混ぜ、刻んだくるみを散らす。

ラーパーツァイ

ごま油が香ばしい！ シャキシャキ白菜に箸がすすみます。

冷蔵 3〜4日 / 冷凍 2〜3週間

15分 / 120Kcal

材料（4〜5人分）
- 白菜の芯……………760g
- 塩……………………大さじ1
- A
  - 酢…………………カップ1/2
  - 砂糖………………カップ1/2
  - 塩…………………小さじ2/3
  - こしょう…………少量
  - 赤とうがらし（輪切り）……1本分
- ごま油………………大さじ3

作り方
1. 白菜の芯は棒状に切り、ボウルに入れる。塩をふってもみ、しんなりしたら水けをしぼる。
2. ボウルにAを入れて混ぜ、1を加えて漬ける。
3. フライパンにごま油を入れ、けむりが出る手前まで熱し、2にかける。

調理のポイント　使わなかった白菜の葉の部分は、白菜葉とハムのミルク煮(P.55)を作って使い切りましょう。

きゅうりとなすの塩もみ

相性抜群の野菜をいっしょに塩もみしてさっぱりと！

冷蔵 3〜4日 / 冷凍 2〜3週間

材料（4〜5人分）
- きゅうり……3本
- なす…………1本
- みょうが……3本
- 青じそ……10枚
- 塩………小さじ1
- 白ごま…大さじ1

作り方
1. きゅうり、なすは縦半分に切り、斜め薄切りにする。みょうがは縦半分に切り、縦に薄切りにする。青じそは縦半分に切り、せん切りにする。
2. 1をボウルに入れ、塩をふって軽くもむ。しばらくおいてしんなりしたら水けをしぼり、白ごまを加えて混ぜる。

15分 / 25Kcal

調理のポイント：清潔な手で、塩が全体に行きわたるようにもみ込みましょう。

大根のレモン甘酢漬け

たっぷりのレモンがさわやか！ 食べ始めたら止まらないおいしさです。

冷蔵 3〜4日 / 冷凍 2〜3週間

材料（4〜5人分）
- 大根………½本
- 塩…………少量
- レモン……1個

A
- 白ワインビネガー…カップ¼
- 水………………カップ¼
- 砂糖……………カップ¼
- 塩………………小さじ1
- 赤とうがらし……1本

作り方
1. 大根は皮をむいていちょう切りにし、ボウルに入れる。塩をふってもみ、しんなりしたら水けをしぼり、保存容器に入れる。レモンは½個をいちょう切りにし、残りはしぼって大根とともにあえる。
2. 鍋にAを入れ、沸騰させる。
3. 2が冷めたら、1に加えてあえる。

15分 / 46Kcal

Part 2　ムダなく使い切り！ 野菜たっぷりおかず

ミニコラム
野菜の冷凍保存の仕方

それぞれの野菜の特徴に合った冷凍をすることでおいしさをそのままに！ 使いやすい量に小分けし、ラップをして冷凍するとさらに便利！

きゅうり　冷凍3週間
1. 小口切りにする。
2. 塩をふってもみ、しんなりしたら水けをしぼる。
3. 使いやすい量に小分けし、それぞれラップで包み、冷凍用保存袋に入れる。

解凍調理方法　冷蔵庫に置いて解凍→水けをしぼる

キャベツ　冷凍1ヶ月
1. ざく切りにする。
2. フライパンにサラダ油を熱し、1を炒め、塩、こしょうをふる。
3. 使いやすい量に小分けし、それぞれラップで包み、冷凍用保存袋に入れる。

解凍調理方法　電子レンジの解凍モードで解凍or凍ったまま調理

こんな方法も！　ゆでて冷水にとり、水けをふいて小分けし、ラップで包んで冷凍。

トマト　冷凍3週間
1. ヘタをくり抜く。
2. そのまま冷凍用保存袋に入れる。

解凍調理方法　凍ったまま調理(凍ったまま水につけると皮が簡単にむける。そのまますりおろしてトマトソースにも)

こんな方法も！　皮を湯むきし、冷水にとり、種を取ってざく切りにする。使いやすい量に小分けし、それぞれラップで包んで冷凍。

ピーマン　冷凍1ヶ月
1. 輪切りにする。
2. フライパンにサラダ油を熱し、1を炒め、塩、こしょうをふる。
3. 使いやすい量に小分けし、それぞれラップで包み、冷凍用保存袋に入れる。

解凍調理方法　凍ったまま調理

ブロッコリー　冷凍1ヶ月
1. 小房に分け、茎は皮をむき、乱切りにする。
2. かたゆでして、使いやすい量に小分けし、それぞれラップで包み、冷凍用保存袋に入れる。

解凍調理方法　電子レンジの解凍モードで解凍or凍ったまま調理

玉ねぎ　冷凍3週間
1. みじん切りにする。
2. 使いやすい量に小分けし、それぞれラップで包み、冷凍用保存袋に入れる。

解凍調理方法　凍ったまま調理

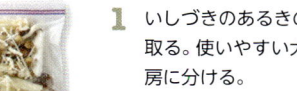

ほうれん草　冷凍1ヶ月
1. さっと塩ゆでし、水けをしぼる。
2. 3〜4cm長さに切る。
3. 使いやすい量に小分けし、それぞれラップで包み、冷凍用保存袋に入れる。

解凍調理方法　電子レンジの解凍モードで解凍

きのこミックス　冷凍3週間
(しいたけ、しめじ、えのきたけ、エリンギ)
1. いしづきのあるきのこはいしづきを取る。使いやすい大きさに切るか小房に分ける。
2. 使いやすい量に小分けし、それぞれラップで包み、冷凍用保存袋に入れる。

解凍調理方法　凍ったまま調理

Part 3

ボリューム満点！ 肉・魚のメインのおかず

身近な肉や魚を
たっぷり使った、
作りおきおかず！
それぞれの食材の特徴を
生かした調理で、
おいしさを最大限に
引き出すレシピです。

カジキ

淡白な味であっさりとしている魚なので、いろいろな料理にアレンジできるのが魅力。切り身は、身に透明感があり、角がくずれていないものを選びましょう。

冷蔵 2~3日 / 冷凍 2~3週間

カジキの黒酢酢豚風

酢豚をカジキでアレンジ！ 黒酢の酸味が優しい味わいです。

材料（4～5人分）

- カジキ……………………………… 4切れ
- 塩、こしょう、片栗粉…………… 各少量
- 玉ねぎ……………………………… ½個
- ピーマン、赤ピーマン…………… 各1個
- しょうが…………………………… 1かけ
- サラダ油…………………………… 大さじ1½
- A
  - しょうゆ………………… 大さじ2
  - 黒酢………………………… 大さじ2
  - 酒…………………………… 大さじ1
  - 砂糖………………………… 大さじ2
  - 塩、こしょう…………… 各少量
  - 鶏がらスープ…水カップ½ ＋鶏がらスープの素少量
- 水溶き片栗粉…水大さじ1 ＋片栗粉大さじ½
- ごま油……………………………… 少量

20分 / 128kcal

作り方

1. カジキは3～4cm大のそぎ切りにし、塩、こしょうをふり、片栗粉をまぶす。
2. 玉ねぎは皮をむき、ピーマンと赤ピーマンはヘタと種を取り、それぞれ乱切りにする。
3. しょうがは皮をむいて薄切りにする。
4. フライパンにサラダ油大さじ1を熱し、**1**を並べ入れ、両面焼きつけ、一度取り出す。
5. **4**のフライパンにサラダ油大さじ½を足し、**3**を入れて香りがたったら、**2**の玉ねぎ、ピーマン、赤ピーマンの順に加えて炒める。
6. **A**を加えて沸騰したら**4**を戻し入れてひと煮する。水溶き片栗粉でとろみをつけ、ごま油を回し入れる。

調理のポイント：ごま油は、風味がとんでしまわないように最後に回し入れます。また、油でコーティングをするので旨みが逃げません。

カジキのごまみそマヨ焼き
こんがりとした焼き目が、食欲をそそる！

冷蔵 2〜3日　冷凍 2〜3週間

材料（4〜5人分）
- カジキ……………4切れ
- 塩、こしょう………各少量
- A［マヨネーズ………大さじ2
-   みそ………………大さじ1
-   すり白ごま………大さじ1］

作り方
1. カジキは1切れを半分に切り、塩、こしょうをふり、アルミホイルを敷いたオーブントースターの天板に並べる。
2. ボウルにAを入れて混ぜ、8等分にする。1のカジキにのせ、オーブントースターでこんがり焼く。

20分　131kcal

カジキのプチトマト煮
トマトのジューシーさを生かして、カジキとともにさっと合わせて。

冷蔵 2〜3日　冷凍 2〜3週間

材料（4〜5人分）
- カジキ……………4切れ
- 塩、こしょう………各少量
- 小麦粉………………少量
- 玉ねぎ………………1/4個
- にんにく……………1かけ
- プチトマト…………15個
- オリーブ油…………大さじ2

作り方
1. カジキは1切れを3等分にそぎ切りにし、塩、こしょうをふり、小麦粉をまぶす。
2. 玉ねぎ、にんにくは皮をむいてみじん切りにし、プチトマトはヘタを取り、半分に切る。
3. フライパンにオリーブ油大さじ1を熱し、1を並べ入れ、両面焼きつけ、一度取り出す。
4. 3のフライパンにオリーブ油大さじ1を足し、2を加えて炒め合わせる。塩、こしょうで調味し、プチトマトがつぶれたら3のカジキを戻し入れてからめる。

調理のポイント　カジキの身がくずれないように一度フライパンから取り出し、プチトマトに火が通ったら戻し入れます。

20分　156kcal

Part 3　ボリューム満点！肉・魚のメインのおかず

鮭

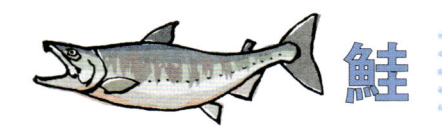

1年を通してスーパーで手に入れることができるお手軽な鮭。朝食やお弁当、夕飯にも合う万能食材です。皮の銀色がきれいなものを選びましょう。

鮭の焼きびたし

だしにじっくりひたすとさらにおいしい焼きびたしは、作りおきおかずにピッタリ！

冷蔵 2〜3日　冷凍 2〜3週間

材料（4〜5人分）

鮭（生）	4切れ
塩	少量
ししとう	6本
A　だし汁	カップ1
しょうゆ	大さじ3
みりん	大さじ3

作り方

1. 鮭は1切れを3等分のそぎ切りにし、塩をふる。ししとうは包丁で切り込みを入れる。
2. 鍋にAを入れ、一度沸騰させて保存容器に入れる。
3. 1をグリルでこんがり焼き、熱いうちに2に漬ける。

調理のポイント
焼きびたしの汁を作るときは、調味料を一度沸騰させます。そうすることによって、調味料がよく混ざり、保存性もアップします。

保存ポイント
汁をたっぷり入れ、ひたして保存しましょう。

15分

鮭のアーモンド衣焼き

鮭にアーモンドをまぶし、パリパリに香ばしく仕上げます。

冷蔵 2~3日 / 冷凍 2~3週間

材料（4～5人分）

- 鮭（生）……… 4切れ
- 塩、こしょう…各少量
- 小麦粉…………少量
- 卵……………½個分
- アーモンドスライス……… 1袋（35g）
- サラダ油……大さじ2

作り方

1. 鮭は皮を除き、1切れを4等分のそぎ切りにし、塩、こしょうをふり、小麦粉をまぶす。
2. 卵は溶きほぐして**1**の片面にぬり、アーモンドスライスを貼りつける。
3. フライパンにサラダ油を熱し、**2**のアーモンドスライスの面を下にして、並べ入れて焼く。ほんのり焼き色がついたら裏返して、裏面もしっかり焼く。

調理のポイント　アーモンドスライスは両面ではなく片面につけて。鮭の食感を損なわず、アーモンドの香ばしさも引き立ちます。

食べるときは　お好みでレモンを絞っていただきましょう。

15分 / 207Kcal

鮭のみそバター蒸し

ちゃんちゃん焼き風の、簡単蒸しもの！

冷蔵 2~3日 / 冷凍 2~3週間

材料（4～5人分）

- 鮭（生）… 4切れ
- 玉ねぎ……… ½個
- A［みそ……大さじ4 / バター…大さじ2］
- 万能ねぎ…… 1～2本

作り方

1. 鮭は1切れを2等分にする。玉ねぎは皮をむいて薄切りにする。
2. **A**のバターは室温でもどし、みそと混ぜる。
3. 耐熱皿に**1**の玉ねぎを敷き、鮭を上に並べ、**2**をぬる。
4. **3**にラップをかけ電子レンジで8～10分加熱する。
5. 万能ねぎを5～6cm長さのぶつ切りにして**4**にのせる。

20分 / 177Kcal

Part 3　ボリューム満点！ 肉・魚のメインのおかず

タラ

さっぱりとした味わいが魅力のタラは、時間が経つと水分が出てきてしまうので、早めに作りおきおかずに。身がピンクがかった白色で透明感のあるものが新鮮です。

冷蔵 2~3日　冷凍 2~3週間

タラのムニエル トマトソース

さっぱりとしたトマトソースを、たくさんかけて召し上がれ。

材料（4～5人分）
- タラ（生）……………… 4切れ
- 塩、こしょう、小麦粉……… 各少量
- 玉ねぎ…………………… ¼個
- にんにく………………… 1かけ
- トマト…………………… 1個
- きゅうりのピクルス… 2本（10g）
- オリーブ油…………… 大さじ1½
- 白ワイン……………… 大さじ2

作り方

1 タラは1切れを2等分に切り、塩、こしょうをふり、小麦粉をまぶす。

2 玉ねぎ、にんにくは皮をむいてみじん切りにする。トマトはヘタと種を取り、粗みじん切りにする。きゅうりのピクルスはみじん切りにする。

3 フライパンにオリーブ油大さじ1を熱し、**1**を入れて両面焼きつけ、保存容器に取り出す。

4 **3**のフライパンにオリーブ油大さじ½を足し、**2**の玉ねぎ、にんにくを炒める。白ワイン、**2**のトマトを加えて煮詰め、塩、こしょうで調味する。

5 **2**のきゅうりのピクルスを**4**に加え、**3**にかける。

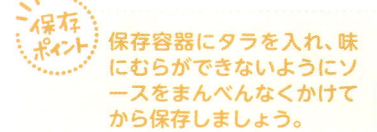

20分　110kcal

保存ポイント　保存容器にタラを入れ、味にむらができないようにソースをまんべんなくかけてから保存しましょう。

タラのザーサイ蒸し

タラを中華風の一品に。ザーサイの塩けがポイント！

冷蔵 2～3日 / 冷凍 2～3週間

材料（4～5人分）

- タラ（生）……………4切れ
- 塩、こしょう…………各少量
- しょうが………………1かけ
- ザーサイ………………50g
- A [しょうゆ……………大さじ1
-    酒……………………大さじ2
-    ごま油………………大さじ1]
- 香菜……………………少量

作り方

1. タラは1切れを半分のそぎ切りにし、耐熱保存容器に並べ、塩、こしょうをふる。
2. しょうがは皮をむいてせん切りにし、ザーサイもせん切りにする。
3. 1に2を散らし、Aをかける。電子レンジで7～9分加熱し、香菜を散らす。

15分 / 98Kcal

タラとじゃがいもの塩煮

相性よしのタラとじゃがいもを、シンプルな味つけで作りおき！

冷蔵 2～3日 / 冷凍 NG

材料（4～5人分）

- タラ（生）……4切れ
- じゃがいも………2個
- にんにく…………1かけ
- 塩、こしょう…各少量
- A [水……………カップ1
-    洋風スープの素…½個
-    白ワイン……大さじ2]

作り方

1. じゃがいもは皮をむいて半月切りにする。にんにくは皮をむいて薄切りにする。
2. タラは1切れを4等分に切り、塩、こしょうをふる。
3. フライパンにAを入れて沸騰させ、1を並べ入れ、ふたをして煮る。
4. じゃがいもがやわらかくなったら、2を加えてさっと煮る。

15分 / 266Kcal

Part 3　ボリューム満点！肉・魚のメインのおかず

ブリ

ブリ大根やブリの照り焼きにひと工夫してバリエーションをつければ、作りおきしても飽きずに食べられます。切り身を選ぶときは、血合いが濃く、身がふっくらしたものを。

ブリのオレンジ照り焼き
砂糖を使わず、オレンジマーマレードの自然な甘みを生かして作ります。

冷蔵 2~3日　冷凍 2~3週間

材料（4～5人分）
- ブリ……4切れ
- オレンジ……1個
- A
  - しょうゆ……大さじ3
  - 酒……大さじ3
  - オレンジマーマレード……大さじ2
  - しょうがのしぼり汁……小さじ2
- サラダ油……大さじ1

作り方
1. ブリは1切れを半分のそぎ切りにする。
2. オレンジは8mm厚さの半月切りにする。
3. バットにAを入れて混ぜ、1を10分漬ける。
4. フライパンにサラダ油を熱し、汁けをきった3を並べ入れ、両面焼きつけ、2も同じフライパンの端で焼きつける。仕上げに3の漬け汁を加えて煮からめる。

調理のポイント
マーマレードが砂糖の代わりになります。また、魚の臭みを消します。

保存ポイント
下味をしっかりつけることで保存性を高めます。

25分

ブリ大根

味がしっかりしみ込んだ、定番おかずの作りおき！

冷蔵 2~3日　冷凍 2~3週間

材料（4～5人分）

- ブリ……………4切れ
- 大根……………½本
- しょうが………1かけ
- A
  - 水………カップ 3 ½
  - 酒………カップ ½
  - しょうゆ…大さじ4
  - みりん……大さじ4
  - 砂糖………大さじ2

作り方

1. ブリは1切れを3等分に切る。
2. 大根は皮をむき、2cm厚さの半月切りにし、包丁で角を薄くそぎ取って面取りする。
3. しょうがは皮をむいて薄切りにする。
4. 鍋にA、3を入れて沸騰させ、1を加えてひと煮し、ブリを一度取り出す。2を加え、大根がやわらかくなるまで30～35分煮る。
5. 4にブリを戻し入れ、さらに10分煮る。

調理のポイント：大根の面取りをすると煮くずれを防ぐことができます。さらに、表面積が大きくなるので味がしみ込みやすくなります。

60分　307Kcal

ブリのキムチチーズ焼き

キムチとチーズを使って、旨みたっぷりに！

冷蔵 2~3日　冷凍 2~3週間

材料（4～5人分）

- ブリ……………4切れ
- 塩、こしょう……各少量
- キムチ…………100g
- ピザ用チーズ……80g

作り方

1. ブリは1切れを半分のそぎ切りにし、塩、こしょうをふる。
2. キムチは細かく刻む。
3. 1をアルミカップに入れ、2、ピザ用チーズをのせ、オーブントースターで8～10分焼く。

保存ポイント：カップに入れたまま保存できるので、お弁当やおつまみにさっと使えます。

20分　224Kcal

Part 3　ボリューム満点！ 肉・魚のメインのおかず

サバ

栄養たっぷりのサバは作りおきして、日々の食卓にプラスしたいところ。身に張りがあり、かたく青光りしているものを選びましょう。

サバのピリ辛みそ煮

サバとみそは相性抜群！ ピリッとする辛みで食欲増進！

冷蔵 2〜3日 / 冷凍 2〜3週間

材料（4〜5人分）

- サバ（2枚おろし）……… 1尾分
- ごぼう…………… 30cm×2本
- しょうが………………… 1かけ
- A
  - 水…………………… カップ1½
  - 酒…………………… カップ½
  - みそ………………… 大さじ3
  - みりん……………… 大さじ2
  - 砂糖………………… 大さじ2
  - 豆板醤……………… 小さじ1

作り方

1. サバは、半身を4等分のそぎ切りにし、皮に十字の切り込みを入れる。ごぼうは皮を包丁でこそぎ取り、6cm長さに切り、2〜4つ割りにする。
2. しょうがは皮をむいて薄切りにする。
3. 鍋にAを入れ、2を加えて沸騰させ、1を並べて入れる。
4. 落としぶたをして、途中煮汁を回しかけながら8〜10分煮る。

25分 / 280kcal

サバのごま風味焼き

白黒のごまをたっぷりまぶした、香ばしさが魅力!

冷蔵 2〜3日 / 冷凍 2〜3週間

材料(4〜5人分)

サバ(2枚おろし) … 1尾分
塩、こしょう … 各少量
白ごま … 大さじ2
黒ごま … 大さじ2
小麦粉 … 適量
サラダ油 … 大さじ1

作り方

1. サバは半身を6等分に切り、塩、こしょうをふる。白ごま、黒ごまをぱらぱらとふり、小麦粉をまぶす。

2. フライパンにサラダ油を熱し、1を並べ入れ、両面焼きつける。

15分 / 371Kcal

サバの立田揚げ

しょうがじょうゆの下味をしっかりつけて、カラッと揚げます。

冷蔵 2〜3日 / 冷凍 2〜3週間

材料(4〜5人分)

サバ(2枚おろし) … 1尾分
A[しょうゆ … 大さじ2
　 酒 … 大さじ1
　 しょうが汁 … 大さじ1
　 塩、こしょう … 各少量]
片栗粉 … 適量
サラダ油 … 適量

作り方

1. サバは半身を5等分に切る。バットにAを入れて混ぜ、サバにまぶして10分おく。

2. 1のサバは汁けをきって片栗粉をまぶす。

3. フライパンに多めのサラダ油を熱し、2を入れ、揚げ焼きにする。

食べるときは オーブントースターで加熱すると揚げたてのようにカリッと仕上がります(冷凍の場合は解凍してから)。

20分 / 288Kcal

Part 3 ボリューム満点! 肉・魚のメインのおかず

アジ・イワシ

面倒に思えるアジやイワシの下ごしらえも、コツをつかめばあっという間！きちんと下ごしらえができれば、保存力もアップ。目が黒く、澄んでいるものを選びましょう。

小アジの南蛮漬け

さっぱり味の南蛮漬け！下処理を丁寧にしておいしさアップ！

冷蔵 3〜4日　冷凍 2〜3週間

25分　157Kcal

材料（4〜5人分）

- 小アジ……………………10尾
- 塩、こしょう、小麦粉………各少量
- 長ねぎ……………………1/4本
- 赤ピーマン…………………1個
- A
  - しょうゆ……………大さじ3
  - 酢……………………大さじ3
  - 砂糖…………………大さじ3
  - 酒……………………大さじ2
  - 赤とうがらし（輪切り）……………………1本分
  - 塩、こしょう…………各少量
- サラダ油……………………適量

作り方

1. 小アジはエラ、ゼイゴ、内臓を除き、塩、こしょうをふり、小麦粉をまぶす。
2. 長ねぎは縦半分に切って、斜め切りにする。赤ピーマンはヘタと種を取り、輪切りにする。
3. Aを小鍋に入れて沸騰させ、保存容器に入れる。
4. フライパンに多めのサラダ油を熱し、1を加えて揚げ焼きにする。揚げたてを3に漬け、2を散らす。

調理のポイント　アジの下処理方法

1. 手でエラぶたをあけ、裏と表のエラを取ります。 
2. 裏と表のゼイゴを包丁でこそぎ取ります。 
3. 包丁で腹に切り目を入れ、包丁の刃先で内臓を引き出します。

イワシのさつま揚げ

時間が経っても、温めれば揚げたてのようにふんわりジューシーに！

冷蔵 2〜3日　冷凍 2〜3週間

材料（4〜5人分）

- イワシ……… 5尾
- 玉ねぎ…… ¼個分
- しょうが… 1かけ
- A
  - みそ……… 大さじ½
  - 酒………… 大さじ1
  - 片栗粉…… 大さじ1
- サラダ油………… 適量

作り方

1. イワシは3枚におろし、皮を除く。
2. 玉ねぎ、しょうがは皮をむいてフードプロセッサーにかけてみじん切りにする。さらに**1**を加えて粗めにひき、**A**を加えて調味し、8等分にし、小判形に成形する。
3. フライパンに多めのサラダ油を熱し、**2**を揚げ焼きにする。

⏱ 25分

イワシのアスパラ巻き ゆずこしょう風味

ゆずこしょうがイワシ独特の臭みを消し、より風味豊かに！

冷蔵 2〜3日　冷凍 2〜3週間

材料（4〜5人分）

- イワシ………………… 5尾
- グリーンアスパラガス ………………… 5本
- ゆずこしょう…… 小さじ1
- 小麦粉……………… 少量
- パン粉……………… 適量
- オリーブ油………… 適量

作り方

1. イワシは包丁で頭を落とし、内臓を除く。手開きにする。
2. グリーンアスパラガスは熱湯で色よくゆで、1本を3等分に切る。
3. **1**にゆずこしょうをぬり、小麦粉をふる。**2**を3本ずつのせ、芯にして巻き、イワシの尾を立ててようじでとめる。全体にパン粉をまぶす。
4. フライパンに多めのオリーブ油を熱し、**3**を並べ入れ、フライパンの油をかけながら焼く。

⏱ 25分　248Kcal

調理のポイント
イワシは腹から親指を中骨の上に差し込み、滑らせて腹を開き、中骨をゆっくり取ります。

Part 3　ボリューム満点！ 肉・魚のメインのおかず

イカ

新鮮なイカはやわらかく、味もひと味違うので、買ったらすぐに作りおき！ 生のイカは、時間が経つと体全体が茶褐色、乳白色に変わっていくので、選ぶときの参考に。

イカの枝豆バーグ

イカと枝豆の食感を残して。弾力のある歯ごたえに仕上げます。

冷蔵 2〜3日　冷凍 2〜3週間

材料（4〜5人分）

- イカ‥‥‥‥‥‥‥‥‥‥‥ 2杯
- 玉ねぎ‥‥‥‥‥‥‥‥‥‥ ¼個
- しょうが‥‥‥‥‥‥‥‥‥ 1かけ
- 枝豆（冷凍）‥‥‥‥‥‥‥ 150g
  （さやをむいて80g）
- A
  - みそ‥‥‥‥‥‥‥ 小さじ1
  - 塩、こしょう‥‥‥ 各少量
  - 卵‥‥‥‥‥‥‥‥ ⅓個
  - 片栗粉‥‥‥‥‥‥ 大さじ2〜3
- サラダ油‥‥‥‥‥‥‥‥‥ 大さじ1

作り方

1. イカはワタを抜いて皮をむき、ぶつ切りにする。
2. 玉ねぎ、しょうがは皮をむいてフードプロセッサーにかけてみじん切りにし、さらにそこに 1 を加え粗めにひく。ボウルに入れる。
3. 枝豆は解凍し、さやから出し、薄皮ごと粗く刻む。
4. 2 に A を加えて混ぜ、さらに 3 を加え混ぜる。8等分にし、小判形に成形する。
5. フライパンにサラダ油を熱し、4 を並べ入れ、両面焼きつける。

25分　118kcal

保存ポイント　成形したものを一つずつラップで包み、冷凍用保存袋に入れて冷凍しておきましょう。フライパンで焼いて、できたてを味わえます。

調理のポイント　イカのワタを抜くときは、まず胴の中に指を入れて、胴とワタがくっついているところをはがします。次に足のつけ根を持ち、丁寧に引っ張ります。

イカとセロリの塩炒め

イカとセロリの食感の違いも楽しい！

冷蔵 2〜3日 / 冷凍 2〜3週間

材料（4〜5人分）

- イカ……………………2杯
- にんにく………………1かけ
- セロリ…………………200g
- サラダ油………………大さじ1
- A
  - 水……………カップ¼
  - 鶏がらスープの素……少量
  - 酒……………大さじ1
  - 塩……………小さじ⅕
  - 砂糖…………小さじ1
  - こしょう……少量
- 水溶き片栗粉…水小さじ2＋片栗粉小さじ1
- ごま油…………………少量

作り方

1. イカはワタを抜き、胴は輪切りにし、足は2本ずつに分ける。
2. にんにくは皮をむいてみじん切り、セロリは1cm厚さの斜め切りにする。
3. フライパンにサラダ油を熱し、**2**を炒め、さらに**1**を加えて炒め合わせる。**A**を加え、沸騰したら、水溶き片栗粉を加えとろみをつけ、ごま油を回し入れる。

20分 / 74Kcal

イカのハーブ串焼き

ハーブの香り豊かな串焼き。お酒にもよく合います。

冷蔵 2〜3日 / 冷凍 2〜3週間

材料（4〜5人分）

- イカ……………………2杯
- A
  - 塩、こしょう…各少量
  - 白ワイン……大さじ1
  - にんにく（みじん切り）……1かけ分
  - タイム、ローズマリー……各2枝
- オリーブ油……………大さじ3

作り方

1. イカはワタを抜いて皮をむき、横に帯状に切り、曲がらないように串にさす。足は2本ずつに分ける。
2. バットに**1**を入れ、**A**を順に加えてあえ、オリーブ油大さじ2を回し入れ10分漬け込む。
3. フライパンにオリーブ油大さじ1を熱し、**2**を並べ入れ、両面焼き、串を抜いて保存容器に入れる。

調理のポイント　マリネ液を作るときは、オリーブ油以外の調味料を混ぜてから、最後にオリーブ油を加えると、よく混ざります。

25分 / 91Kcal

Part 3　ボリューム満点！ 肉・魚のメインのおかず

タコ

ゆでダコは、保存しても豊かな食感と味を楽しむことができます。足がくるりと巻いていて、皮がはげていないものを選びましょう。

冷蔵 2~3日　冷凍 2~3週間

タコのトマト煮
たっぷりのトマトでタコを煮た、イタリア風の一品。

材料（4～5人分）
- タコ……………1パック（200g）
- ピーマン……………………2個
- 玉ねぎ………………………¼個
- にんにく……………………1かけ
- セロリ………………………50g
- オリーブ油………………大さじ1½
- A
  - トマト缶………½缶（200g）
  - 洋風スープの素………½個
  - ローリエ………………1枚
  - タイム…………………1枝
- 塩、こしょう……………各少量

作り方

1. タコは太い部分を3cm厚さの輪切りにし、細い部分は適当な長さに切る。ピーマンはヘタと種を取り、1cm幅の輪切りにする。

2. 玉ねぎ、にんにくは皮をむき、セロリとともにみじん切りにする。

3. フライパンにオリーブ油大さじ½を熱し、1のピーマンを炒めて一度取り出す。

4. 3のフライパンにオリーブ油大さじ1を足し、2を炒め、Aを加えて煮詰める。

5. 4に1のタコを加え、3のピーマンを戻し入れ、ひと煮する。塩、こしょうで調味する。

20分

タコの青のりフリッター
青のりをまぶして、磯の香りたっぷり！

冷蔵 2〜3日　冷凍 2〜3週間

材料（4〜5人分）
- タコ……1パック（200g）
- A
  - 小麦粉……カップ½
  - ベーキングパウダー……小さじ1
  - 片栗粉……大さじ2
  - 水……カップ⅓
  - 卵白……½個分
  - 塩……少量
- サラダ油……大さじ1
- 青のり……小さじ1
- サラダ油……適量

作り方
1. タコは3cm大の乱切りにする。
2. ボウルにAを入れて混ぜ、サラダ油大さじ1を加え、最後に青のりを加える。
3. フライパンに多めのサラダ油を熱し、1に2の衣をまぶしたものを落とし入れ、揚げ焼きにする。

15分　134kcal

食べるときは レモンをしぼってもおいしくいただけます。

タコと里芋の煮もの
プリッとしたタコと中まで甘辛くてやわらかい里芋が、ほっとする味わい。

冷蔵 2〜3日　冷凍 2〜3週間

材料（4〜5人分）
- タコ……1パック（200g）
- 里芋……6個
- しょうが……1かけ
- A
  - だし汁……カップ1½
  - 酒……大さじ2
  - しょうゆ……大さじ2
  - みりん……大さじ1
  - 砂糖……大さじ1

作り方
1. タコは大きめのひと口大に切る。
2. 里芋は皮を六方にむき、一度ゆでこぼす。しょうがは薄切りにする。
3. 鍋にAを入れて沸騰させ、1を加え、さっと煮て、一度取り出す。
4. 3に2を加えて、里芋がやわらかくなるまで10分ほど煮る。さらに3のタコを戻し入れ、さっと煮る。

25分　102kcal

Part 3　ボリューム満点！ 肉・魚のメインのおかず

エビ

エビは冷凍保存しても味がおちにくいので、保存に向いている食材。足ひげや頭がきちんとついているものを選びましょう。

冷蔵 2～3日
冷凍 2～3週間

エビのチリソース

見た目も色鮮やかな、プリプリのエビチリです。

材料（4～5人分）

- エビ……………………12尾
- しょうが………………1かけ
- にんにく………………1かけ
- 長ねぎ…………………½本
- サラダ油………………大さじ1
- A
  - トマトケチャップ…大さじ3
  - 豆板醤……………小さじ1
  - 酒…………………大さじ1
  - 酢…………………大さじ1
  - 砂糖………………大さじ1
  - 水…………………カップ½
  - 鶏がらスープの素………少量
  - 塩、こしょう…………各少量
- 水溶き片栗粉…水大さじ1 ＋片栗粉大さじ½
- ごま油……………………少量

作り方

1. エビは尾を残し、殻をむいて背ワタを取る。
2. しょうが、にんにくは皮をむき、長ねぎとともにみじん切りにする。
3. フライパンにサラダ油を熱し、2を炒め、香りがたったら、1を加え炒める。
4. 3にAを加えて沸騰したら、水溶き片栗粉でとろみをつけ、ごま油を回し入れる。

20分
124kcal

エビのアヒージョ

冷蔵 3~4日　冷凍 2~3週間

ちょっとしたおつまみやおもてなしにも大活躍！

材料（4~5人分）

- **むきエビ**……300g
- マッシュルーム……1パック（6個）
- にんにく……2かけ
- アンチョビ……2枚
- A
  - オリーブ油…カップ1
  - 塩、こしょう…各少量
  - 赤とうがらし（輪切り）……1本分

保存ポイント　たっぷりのオイルにひたして保存します。

食べるときは　オイルもいっしょに温めていただきましょう。

作り方

1. むきエビは背ワタを取る。
2. マッシュルームはいしづきを取り、半分に切る。
3. にんにくは皮をむき、包丁でたたいてつぶす。アンチョビは5mm幅に切る。
4. フライパンにAを入れ、3を加えて、火にかける。にんにくの周りから泡が立ってきたら、2、水けをふいた1を加え、マッシュルームがしんなりするまで揚げ煮にする。

20分　80Kcal

エビのゆかり風味マリネ

冷蔵 3~4日　冷凍 2~3週間

ゆかり風味があとを引くおいしさ！

材料（4~5人分）

- **エビ**……12尾
- 玉ねぎ……1/4個
- ピーマン……2個
- レモン……1/2個
- A
  - 白ワインビネガー……大さじ2
  - ゆかり……小さじ1
  - 塩……小さじ1/3
  - こしょう……少量
  - 粒マスタード……小さじ1
- オリーブ油…大さじ4

作り方

1. エビは殻つきのまま背ワタを取る。
2. 玉ねぎは薄切りにする。ピーマンはヘタと種を取り、レモンとともに輪切りにする。
3. 保存容器にAを入れてよく混ぜ、オリーブ油を加えてさらに混ぜ、2を加える。
4. 熱湯に、塩、酒（分量外）を加えて1をゆでる。殻をむき、尾を取り、よく水けをふいて3に漬ける。

20分　195Kcal

Part 3　ボリューム満点！肉・魚のメインのおかず

ほたて

ミニボイルほたてと生貝柱はスーパーなどで手に入りやすく、幅広い調理法に応用できるので作りおきにも！ 貝柱がふっくらとして透明感のあるものを選びましょう。

ミニボイルほたてとほうれん草のグラタン

クリームソースが、ほたてとほうれん草によく合います。

冷蔵 2~3日　冷凍 2~3週間

材料（4～5人分）

- ミニボイルほたて……240g
- ほうれん草……2株
- 玉ねぎ……¼個
- にんにく……1かけ
- バター……大さじ3
- 小麦粉……大さじ3
- 牛乳……カップ1½
- 塩、こしょう……各少量
- ピザ用チーズ……30g
- パン粉、バター……各少量

作り方

1 ほうれん草は色よく塩ゆでし、2cm長さに切る。

2 玉ねぎは皮をむいて薄切りにする。にんにくに皮をむいてみじん切りにする。

3 フライパンにバター大さじ1を溶かし、**2**を炒める。バター大さじ2を足し、小麦粉を加えて炒める。牛乳を加え、木べらで混ぜながらとろみをつける。ミニボイルほたて、**1**を加え、塩、こしょうで調味する。

4 **3**をアルミカップ6個に入れ、ピザ用チーズ、パン粉、バターをまんべんなくのせ、オーブントースターでこんがり焦げ目がつくまで焼く。

25分　148Kcal

調理のポイント　アルミカップに入れて小分けしてから焼けば、そのまま食卓に出せるので、食べやすくなります。

ほたて貝柱の山椒みそ焼き

ほんのりピリリとしたみそダレが、やわらかい貝柱になじみます。

冷蔵 2〜3日 / 冷凍 2〜3週間

⏱ 20分

材料（4〜5人分）
- ほたて貝柱（生）……240g
- A
  - みそ…………大さじ2
  - 酒……………小さじ1
  - 砂糖…………大さじ2
- 粉山椒………………少量

作り方
1. Aはよく混ぜておく。
2. ほたて貝柱に1をのせ、オーブントースターでほたて貝柱に火が通るまで焼き、粉山椒をふる。

食べるときは 木の芽を添えてもよく合います。

ミニボイルほたてとチンゲン菜の中華炒め

ご飯や麺にかけてもおいしい！

冷蔵 2〜3日 / 冷凍 2〜3週間

⏱ 15分　89kcal

材料（4〜5人分）
- ミニボイルほたて…240g
- にんにく……………1かけ
- チンゲン菜…………2株
- サラダ油……………大さじ1
- A
  - 水……………カップ1/2
  - 鶏がらスープの素………少量
  - 酒……………大さじ1
  - 塩……………小さじ1/5
  - 砂糖…………小さじ1
  - こしょう……少量
- 水溶き片栗粉…水大さじ1＋片栗粉大さじ1/2
- ごま油………………少量

作り方
1. にんにくは皮をむいてみじん切りにする。チンゲン菜はざく切りにする。
2. フライパンにサラダ油を熱し、1を炒める。Aを加えて沸騰したら、ミニボイルほたてを加えてひと煮する。水溶き片栗粉でとろみをつけ、ごま油を回し入れる。

Part 3　ボリューム満点！肉・魚のメインのおかず

鶏もも肉

旨みの多い鶏もも肉は、揚げても煮ても焼いてもよし！アレンジの幅が広い食材です。安くなっているときにまとめ買いして、たっぷり作りおきしましょう。

バーベキューチキン

オーブントースターでじっくり焼いて、ジューシーに仕上げます。

冷蔵 4〜5日　冷凍 3〜4週間

材料（4〜5人分）

- **鶏もも肉**……………………2枚
- 塩、こしょう……………各少量
- A
  - しょうゆ……………大さじ1
  - 酒……………………大さじ1
  - トマトケチャップ…大さじ3
  - 玉ねぎのすりおろし…¼個分
  - にんにくのすりおろし
    ……………………1かけ分
  - しょうがのすりおろし
    ……………………1かけ分

作り方

1. 鶏もも肉は1切れを4等分にし、肉の厚い部分に切り込みを入れ、塩、こしょうをふる。
2. バットにAを入れて混ぜ、1を入れて10分漬ける。
3. アルミホイルを敷いた天板に2を並べ、オーブントースターで10〜15分焼く。

30分

食べるときは お好みでレモンをしぼっていただきましょう。

鶏肉の塩漬けレモン蒸し焼き

塩漬けレモンを丸ごと1個使った、さっぱり味の蒸し焼き！

冷蔵 3～4日 / 冷凍 3～4週間

材料（4～5人分）

鶏もも肉	2枚
こしょう	少量
スタッフドオリーブ	4個
黒オリーブ	4個
オリーブ油	大さじ1
白ワイン	カップ½

A：
- 塩漬けレモン（下記参照）……1個分（100g）
- にんにく（薄切り）……2かけ
- ローリエ……1枚
- タイム……2枝

作り方

1. 鶏もも肉は1切れを4等分にし、肉の厚い部分に切り込みを入れ、こしょうをふる。

2. スタッフドオリーブ、黒オリーブは半分に切る。

3. フライパンにオリーブ油を熱し、1の皮目を下にして並べ入れ、両面焼く。皮目を上にして、白ワインをふり入れ、A、2をのせ、ふたをして約10分、蒸し煮にする。

調理のポイント

〈塩漬けレモン〉
肉や魚をいっしょに蒸すときにおいしい塩漬けレモンも常備しておくと、とても役立ちます！

| レモン | 5個 |
| 塩 | 50g |

●作り方
レモンは1.5cm厚さの半月切りにし、保存容器に塩と順に重ねて入れ、冷蔵庫で1週間～1ヶ月おく。

20分 / 139 Kcal

Part 3

ボリューム満点！ 肉・魚のメインのおかず

鶏肉のハニー照り焼き

はちみつのコクとつやつやの照りが、食欲をそそります。

冷蔵 3〜4日 / 冷凍 3〜4週間

材料（4〜5人分）
- 鶏もも肉……2枚
- 塩、こしょう……各少量
- A
  - しょうゆ……大さじ1½
  - はちみつ……大さじ1
  - 酒……大さじ2
  - しょうがのしぼり汁……大さじ1
- サラダ油……大さじ1
- はちみつ……大さじ2

作り方
1. 鶏もも肉は1切れを4等分し、塩、こしょうをふる。
2. バットにAを入れて混ぜ、1を加え10分漬ける。
3. フライパンにサラダ油を熱し、汁けをきった2を並べ入れ、両面焼きつける。仕上げに、バットに残ったAを加えて煮からめる。
4. 3の皮目にはちみつ大さじ2をぬる。

調理のポイント
砂糖の代わりに、はちみつを使います。さらに仕上げにぬって照りとコク、香りを出します。

20分 / 123 Kcal

鶏肉のごま塩唐揚げ

しょうゆ味の唐揚げに飽きたら、白ごまと青のりでアレンジ！

冷蔵 4〜5日 / 冷凍 3〜4週間

材料（4〜5人分）
- 鶏もも肉……2枚
- A
  - 塩……小さじ½
  - こしょう……少量
  - 酒……大さじ1
  - にんにくのすりおろし……1かけ分
- B
  - 白ごま……大さじ2
  - 青のり……大さじ1
  - 片栗粉……大さじ4
- サラダ油……適量

作り方
1. 鶏もも肉は5〜6cm大に切る。
2. ボウルにAを入れて混ぜ、1を加えてあえ、下味をつける。
3. バットにBを入れて混ぜ、2にまぶす。
4. フライパンに多めのサラダ油を熱し、3を入れて、揚げ焼きにする。

20分 / 116 Kcal

鶏肉のクリームコーン煮

クリームコーンでとろりと煮込みます。パンとの相性も抜群！

冷蔵 2〜3日　冷凍 3〜4週間

材料（4〜5人分）

鶏もも肉……………2枚
塩、こしょう…各少量
小麦粉………………適量
玉ねぎ………………¼個
サラダ油……大さじ1

A ｜ 水………………カップ1
　｜ 洋風スープの素……1個
　｜ クリームコーン缶
　｜　………小1缶（190g）
牛乳………………カップ½

作り方

1. 鶏もも肉は5〜6cm大に切り塩、こしょうをふり、小麦粉をまぶす。
2. 玉ねぎは皮をむいて粗みじん切りにする。
3. フライパンにサラダ油を熱し、**1**を並べ入れ、両面焼きつける。
4. **3**のフライパンの端で**2**を炒め、**A**を加えて煮る。仕上げに牛乳を加え、塩、こしょうで調味する。

20分　183Kcal

鶏肉と根菜の炒め煮

和食の定番煮ものも、フライパンで作って作りおき！

冷蔵 3〜4日　冷凍 3〜4週間

材料（4〜5人分）

鶏もも肉……………2枚
にんじん……………1本
ごぼう………30cm×1本
れんこん…5cm（約100g）
サラダ油……大さじ1

だし汁………カップ2
A ｜ しょうゆ…大さじ3
　｜ みりん…大さじ1½
　｜ 砂糖……大さじ1½

作り方

1. 鶏もも肉は5〜6cm大に切る。にんじんは皮をむき、ごぼうは皮を包丁でこそげ取りともに乱切りにする。れんこんは皮をむいて1cm厚さの半月切りにする。
2. フライパンにサラダ油を熱し、**1**の鶏もも肉の皮目を下にして並べ入れ、両面焼きつける。**1**の根菜類も加えて炒め合わせる。
3. **2**にだし汁を加えて沸騰したらアクを取り、**A**を加えて調味する。落としぶたをして、汁けがほとんどなくなるまで煮る。

25分　210Kcal

Part 3　ボリューム満点！肉・魚のメインのおかず

鶏むね肉

淡白でさっぱりとしていて、いろいろな食材と合わせやすい鶏むね肉。安価な鶏むね肉は作りおきの強い味方です。作りおきをして節約にも！

チキンフリッターしそ風味

青じそのさわやかな風味がおいしい、サクサク衣のフリッター。

冷蔵 3〜4日　冷凍 3〜4週間

材料（4〜5人分）

- 鶏むね肉……………………2枚
- A
  - 塩、こしょう……………各少量
  - 酒……………………大さじ1
  - にんにくのすりおろし……………………1かけ分
- B
  - 小麦粉……………………カップ1
  - ベーキングパウダー……………………小さじ2
  - 片栗粉……………………大さじ4
  - 水……………………カップ¾
  - 卵白……………………1個分
  - 塩……………………少量
- サラダ油……………………大さじ1
- 青じそ……………………8枚
- サラダ油……………………適量

作り方

1. 鶏むね肉は棒状に8本に切る。ボウルにAを入れて混ぜ、鶏むね肉をあえて下味をつける。
2. ボウルにBを入れて混ぜ、サラダ油大さじ1を加えて混ぜる。
3. 1に青じそをはりつけ、2にくぐらせる。フライパンに多めのサラダ油を熱し、鶏むね肉を落とし入れ、揚げ焼きにする。

20分　206Kcal

チキンサテのピーナツソース

甘辛いピーナツソースをぬった、ぱくぱく食べられる串焼き。

冷蔵 3~4日 / 冷凍 3~4週間

材料（4~5人分）

- 鶏むね肉……………………2枚
- 塩、こしょう……………各少量
- サラダ油………………大さじ1
- A
  - ピーナツバター（微糖タイプ）……………大さじ2
  - しょうゆ………………小さじ2
  - 砂糖……………………小さじ2
  - レモン汁………………小さじ2
  - にんにくのすりおろし……………1/2かけ分
  - 塩、こしょう……………各少量
- 一味とうがらし……………少量

作り方

1. 鶏むね肉は2cm角大に切り、8等分にし、竹串にさし、塩、こしょうをふる。
2. フライパンにサラダ油を熱し、**1**を並べ入れ、焼きつける。
3. **A**を混ぜて**2**にぬり、一味とうがらしをふる。

25分 / 101kcal

保存ポイント
一串ずつしっかりソースで味つけをし、調味料とともに保存することで味が落ちにくくなります。

Part 3 ボリューム満点！ 肉・魚のメインのおかず

鶏肉のココナツミルク煮

カレー＋ココナツミルクでエスニックな香りが漂います。

冷蔵 3～4日 / 冷凍 3～4週間

20分 / 136Kcal

材料（4～5人分）
- 鶏むね肉…………2枚
- A
  - カレー粉………大さじ1
  - 小麦粉…大さじ1
- 塩、こしょう…各少量
- サラダ油……大さじ1
- B
  - 水…………カップ½
  - ココナツミルク…………カップ1
  - 洋風スープの素…………1個
  - ローリエ………1枚
  - 赤とうがらし…1本

作り方
1. **A**は混ぜておく。
2. 鶏むね肉は5～6cm大に切り、塩、こしょうをふり、**1**をまぶす。
3. フライパンにサラダ油を熱し、**2**を並べ入れ、両面焼きつける。**B**を加えて煮て、塩、こしょうで調味する。

鶏肉のみそ漬け焼き

みそにひと晩漬け込み、旨みをギュッと凝縮！

冷蔵 4～5日 / 冷凍 3～4週間

20分 / 漬け込み…1晩 / 232Kcal

材料（4～5人分）
- 鶏むね肉…………2枚
- たけのこ（水煮）……小2個（150g）
- A
  - みそ………大さじ4
  - 砂糖………大さじ2
  - 酒…………大さじ1

作り方
1. 鶏むね肉は5～6cm大に切る。たけのこは縦に半分に切る。
2. バットに**A**を入れて混ぜ、**1**に塗りつけ、ひと晩おく。
3. **2**のみそをぬぐい取り、グリルまたはオーブントースターで焼く。

調理のポイント：みそは焼く前に手で取り除き、焼くときに焦げるのを防ぎます。

鶏肉のバジルソース焼き

香り豊かなバジルとジューシーな鶏肉の、相性抜群のコンビ！

冷蔵 3〜4日 / 冷凍 3〜4週間

材料（4〜5人分）
- 鶏むね肉……2枚
- 塩、こしょう……各少量
- 小麦粉……少量
- オリーブ油……大さじ1
- バジルソース（P.150参照）……カップ½

作り方
1. 鶏むね肉は5〜6cm大に切り、塩、こしょうをふり、小麦粉をまぶす。
2. フライパンにオリーブ油を熱し、**1**を並べ入れ、両面焼きつける。バジルソースを加えてからめる。

保存ポイント バジルソースをたっぷりつけて保存すると、味がしっかりなじみます。

20分 / 225Kcal

鶏肉と玉ねぎのケチャップ炒め

子どもにもおすすめのケチャップ味！

冷蔵 3〜4日 / 冷凍 3〜4週間

材料（4〜5人分）
- 鶏むね肉……2枚
- 塩、こしょう……各少量
- 小麦粉……適量
- 玉ねぎ……½個
- サラダ油……大さじ1
- A ┌ トマトケチャップ……大さじ4
    └ 塩、こしょう…各少量
- グリーンピース（冷凍）……大さじ2

作り方
1. 鶏むね肉は5〜6cm大に切り、塩、こしょうをふり、小麦粉をまぶす。
2. 玉ねぎは1cm厚さのくし形切りにする。
3. フライパンにサラダ油を熱し、**1**の皮目を下にして並べ入れ、両面焼きつける。**2**を加えて炒め合わせ、**A**を加えて調味する。仕上げに解凍したグリーンピースを加えて混ぜる。

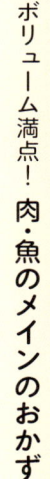

20分 / 115Kcal

Part 3　ボリューム満点！ 肉・魚のメインのおかず

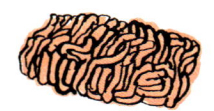

鶏ひき肉

牛や豚のひき肉よりも油が少なめで、さっぱりといただけます。ひき肉は空気にふれる面が多く、かたまり肉よりいたみやすいので、買ったらすぐの調理がおすすめ。

冷蔵 3〜4日　冷凍 3〜4週間

鶏棒つくね

れんこんのシャキシャキ食感を残した、ボリューミーなつくね！

材料（4〜5人分）

- 鶏ひき肉……400g
- れんこん……100g
- 玉ねぎ……¼個
- しょうが……1かけ
- A
  - 卵……½個
  - 塩、こしょう……各少量
  - 黒ごま……大さじ1
  - 片栗粉……大さじ1
- サラダ油……大さじ1
- B
  - しょうゆ……大さじ2
  - みりん……大さじ2
  - 酒……大さじ2
  - 砂糖……大さじ1
- 水溶き片栗粉……少量

作り方

1. れんこん、玉ねぎ、しょうがは皮をむいてみじん切りにする。
2. 鶏ひき肉をボウルに入れ、A、1を混ぜ、8等分にして棒状に成形する。
3. フライパンにサラダ油を熱し、2を入れて転がしながら焼き、一度取り出す。
4. 3のフライパンをペーパータオルでふく。Bを入れて、水溶き片栗粉を加えてとろみをつけ、3を戻し入れてからめる。

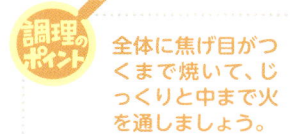

20分　233kcal

調理のポイント　全体に焦げ目がつくまで焼いて、じっくりと中まで火を通しましょう。

食べるときは　お好みで七味とうがらしをふりましょう。

チキンドライカレー

ご飯にかけても、そのまま食べてもおいしい！

冷蔵 2〜3日 / 冷凍 3〜4週間

材料（4〜5人分）

- 鶏ひき肉……400g
- 玉ねぎ……¼個
- にんにく、しょうが……各1かけ
- オクラ……5本
- サラダ油……大さじ1

A
- 洋風スープの素（くだく）……1個分
- カレー粉……大さじ1
- 白ワイン……大さじ1
- 豆板醤……小さじ1
- トマトケチャップ……大さじ2
- 塩、こしょう……各少量

- レーズン……大さじ2

作り方

1. 玉ねぎ、にんにく、しょうがは皮をむいてみじん切りにする。
2. オクラは色よく塩ゆでし、1cm厚さの輪切りにする。
3. フライパンにサラダ油を熱し、**1**、鶏ひき肉を順に炒める。肉がぱらぱらになったら**A**を加えて調味する。レーズンを加えて混ぜ、**2**を散らす。

20分 / 191kcal

鶏ひき肉の油揚げ詰め焼き

油揚げの中に、ひき肉の旨みをとじ込めて。

冷蔵 3〜4日 / 冷凍 3〜4週間

材料（4〜5人分）

- 鶏ひき肉……400g
- しょうが……1かけ
- ひじき（生）……大さじ2
- 万能ねぎ……4本

A
- しょうゆ……大さじ1
- 塩、こしょう……各少量

- すし揚げ……10枚（油揚げ5枚でも可）
- サラダ油……大さじ1

作り方

1. しょうがは皮をむいてみじん切りにする。ひじきは洗って水けをしぼる。万能ねぎは小口切りにする。
2. ボウルに鶏ひき肉を入れ、**A**、**1**を加えて混ぜ、10等分にする。すし揚げに、平らに詰める。
3. フライパンにサラダ油を熱し、**2**を並べ入れ、両面焼きつける。

調理のポイント　長方形の油揚げを使うときは、半分に切り、袋状にして中身を詰めます。

30分 / 122kcal

Part 3　ボリューム満点！ 肉・魚のメインのおかず

鶏ささみ

脂肪が少なく、ヘルシーで高タンパクの鶏ささみ。くせのない味で食感も楽しめます。調味料や油でコーティングして保存し、パサつきを防ぎます。

ささみとピーマンのピリ辛オイスター炒め

冷蔵 3〜4日　冷凍 3〜4週間

細く切ったささみとピーマンが、甘辛いタレとよくなじみます。

材料（4〜5人分）

- 鶏ささみ……………5本（300g）
- 塩、こしょう……………各少量
- にんにく……………………1かけ
- ピーマン……………………3個
- サラダ油…………………大さじ1
- A
  - オイスターソース…大さじ1
  - 豆板醤……………小さじ1
  - しょうゆ…………小さじ2
  - 酒…………………大さじ1
  - 砂糖………………小さじ2
  - 塩、こしょう………各少量
- ごま油………………………適量

作り方

1. 鶏ささみは長さを半分に切り、細切りにして塩、こしょうをふる。にんにくは皮をむいてみじん切りにする。

2. ピーマンはヘタと種を取り、せん切りにする。

3. フライパンにサラダ油を熱し、1、2を順に炒め、Aで調味し、ごま油を回し入れる。

20分　116kcal

ささみカツ梅風味

ささみにはさんだ、梅干しの酸っぱさがアクセント！

冷蔵 4〜5日 / 冷凍 3〜4週間

25分 / 228Kcal

材料（4〜5人分）

- 鶏ささみ……………5本（300g）
- 梅干し………………5個
- 塩、こしょう………各少量
- A ┌ 小麦粉…………大さじ3〜4
　　├ 溶き卵……………1個
　　└ パン粉……………カップ2
- サラダ油……………適量

作り方

1. 鶏ささみは切り込みを入れて半分に開き、種を除いた梅干しをちぎってはさみ、塩、こしょうをふる。
2. 1にAの衣を小麦粉、溶き卵、パン粉の順につける。
3. フライパンに多めのサラダ油を熱し、2を入れて揚げ焼きにし、半分に切る。

ささみのねぎマリネ

ねぎをたっぷり入れた、さっぱり味のマリネです。

冷蔵 4〜5日 / 冷凍 3〜4週間

20分 / 181Kcal

材料（4〜5人分）

- 鶏ささみ……5本（300g）
- 塩、こしょう……各少量
- 長ねぎ……………½本
- A ┌ 白ワインビネガー……大さじ2
　　├ 塩………………小さじ⅓
　　├ こしょう………少量
　　├ 粒マスタード……小さじ1
　　└ オリーブ油……大さじ4
- オリーブ油…………大さじ1

作り方

1. 鶏ささみは1本を3等分のそぎ切りにし、塩、こしょうをふる。長ねぎはせん切りにする。Aは混ぜておく。
2. フライパンにオリーブ油を熱し、1の鶏ささみ肉を並べ入れて両面焼き、熱いうちにAに漬け、1の長ねぎを散らす。

調理のポイント　肉は焼いてすぐのあつあつの状態で、マリネ液に漬け、よく味をなじませましょう。

Part 3　ボリューム満点！ 肉・魚のメインのおかず

鶏手羽先・鶏手羽元

骨つきの手羽先と手羽元は、中まで
しっかり火を通して作りおき！

冷蔵 4〜5日 / 冷凍 3〜4週間

手羽先の南蛮漬け

手羽先がピリ辛の漬けダレをたっぷり吸ってしっとり！

材料（4〜5人分）

- 鶏手羽先……10本
- 塩、こしょう、しょうゆ、小麦粉……各少量
- 玉ねぎ……1/4個
- 黄パプリカ……1/2個
- サラダ油……適量
- A
  - しょうゆ、酢、砂糖……各大さじ2
  - 酒……大さじ1
  - 豆板醤……小さじ1
  - 塩、こしょう……各少量

作り方

1. 鶏手羽先は塩、こしょうをふり、しょうゆをからめ、小麦粉をまぶす。
2. 玉ねぎ、黄パプリカは薄切りにする。
3. フライパンに多めのサラダ油を熱し、1を揚げ焼きにする。熱いうちに混ぜておいたAに漬け、2を加えて混ぜる。

20分　222kcal

調理のポイント

- 手羽先が熱いうちにタレに漬け込むと冷めるときに味がしみ込みます。しっかり焼き、中まで火を通しましょう。
- 鶏手羽中でも代用できます。

手羽元のタンドリーチキン

ヨーグルトにしっかり漬け、肉がやわらかくジューシーに！

冷蔵 3～4日　冷凍 3～4週間

50分　137Kcal

材料（4～5人分）

鶏手羽元……………………8本
塩、こしょう………………各少量
A ┌ ヨーグルト……………カップ1
　├ カレー粉………………大さじ1
　├ 白ワイン………………大さじ1
　├ にんにくのすりおろし…1かけ分
　├ 塩………………………小さじ½
　└ こしょう………………少量

作り方

1. 鶏手羽元は塩、こしょうをふる。
2. バットにAを入れて混ぜ、1を15分漬け込む。
3. オーブンの天板にアルミホイルを敷いて2を並べ、250度に熱したオーブンで、25分焼く。

手羽元のサワー煮

酢のパワーで肉がとってもやわらかく！ まろやかな酸味がおいしい。

冷蔵 4～5日　冷凍 3～4週間

20分　148Kcal

材料（4～5人分）

鶏手羽元……………………8本
塩、こしょう………………各少量
サラダ油……………………大さじ1
水……………………………カップ1½
酢……………………………カップ1
A ┌ しょうゆ………………大さじ3
　├ 砂糖……………………大さじ3
　├ 酒………………………大さじ2
　└ しょうが（薄切り）……3枚

作り方

1. 鶏手羽元は塩、こしょうをふる。
2. フライパンにサラダ油を熱し、1を並べ入れて全面を焼きつける。水、酢を加えて沸騰したら、アクを除き、Aを加えて煮詰める。

Part 3　ボリューム満点！ 肉・魚のメインのおかず

豚バラ薄切り肉

豚バラ肉の料理は作りおきしても、食べるときに加熱すれば、旨みたっぷりの脂がじんわりと出てきておいしくいただけます。

豚肉とゴーヤ炒め
ふんわり卵が入って、色味もきれい！

冷蔵 3～4日 / 冷凍 3～4週間

20分 / 204kcal

材料（4～5人分）
- 豚バラ薄切り肉……300g
- 塩、こしょう……各少量
- 玉ねぎ……¼個
- ゴーヤ……小1本
- にんにく……1かけ
- 卵……2個
- サラダ油……大さじ1
- ごま油……小さじ1
- A
  - 塩、こしょう……各少量
  - 和風だしの素……小さじ½

作り方

1. 豚バラ薄切り肉は3～4cm幅に切り、塩、こしょうをふる。
2. 玉ねぎは皮をむいてくし形切りにする。ゴーヤは縦半分に切り、種を除き、半月切りにする。にんにくは皮をむいて薄切りにする。
3. 卵は溶きほぐし塩、こしょうをふる。
4. フライパンにサラダ油を熱し、3を流し入れ手早く炒め、半熟状態で一度取り出す。
5. 4のフライパンにごま油を足し、1を炒め、2を加えて炒め合わせる。4の卵を戻し入れ、ほぐし混ぜてAを加えて調味する。

調理のポイント：卵のふんわり感を保つために一度卵を取り出して、戻し入れます。

豚肉のアスパラマスタードロール

粒マスタードが味の決め手！ お弁当にもってこいの一品です。

冷蔵 3〜4日 / 冷凍 3〜4週間

材料（4〜5人分）

- 豚バラ薄切り肉……………300g
- 塩、こしょう………………各少量
- 粒マスタード………………大さじ3
- グリーンアスパラガス………12本
- サラダ油……………………大さじ1

作り方

1. 豚バラ薄切り肉は広げて、塩、こしょうをふり、粒マスタードをぬる。
2. グリーンアスパラガスは熱湯で色よくゆで、3等分に切る。**1**に3本ずつのせて巻き、ようじでとめる。
3. フライパンにサラダ油を熱し、**2**を並べ入れ、全面焼きつける。ようじをはずして保存容器に入れる。

20分　265Kcal

保存ポイント
焼く前に使いやすい量に小分けしてラップで包み、冷凍用保存袋に入れて冷凍しておけば、朝焼いて、焼きたてをお弁当のおかずにもできます。

Part 3　ボリューム満点！ 肉・魚のメインのおかず

豚肉のプチトマト入りボール

豚肉に包まれたプチトマトが、口の中でプチッとはじける！

冷蔵 3〜4日 / 冷凍 3〜4週間

材料（4〜5人分）

- 豚バラ薄切り肉…300g
- 塩、こしょう、小麦粉…………各少量
- 青じそ…………12枚
- プチトマト………12個
- オリーブ油…大さじ1

作り方

1. 豚バラ薄切り肉は広げて、塩、こしょうをふり、小麦粉をまぶす。
2. 青じそは縦半分に切る。プチトマトはヘタを取る。
3. **2**の青じそを2切れずつ**1**に置き、**2**のプチトマトをのせて、くるくる巻き、ボールになるように形を整える。まわりにも小麦粉をまぶし、ようじでとめる。
4. フライパンにオリーブ油を熱し、**3**を並べ入れ、全面焼きつける。ようじをはずして保存容器に入れる。

20分 / 262Kcal

豚肉のピリ辛じゃばら串焼き

見た目も味も、パンチのきいた串焼き！

冷蔵 3〜4日 / 冷凍 3〜4週間

材料（4〜5人分）

- 豚バラ薄切り肉……………300g
- ゆずこしょう……………大さじ½
- サラダ油……………小さじ1

作り方

1. 豚バラ薄切り肉は広げ、ゆずこしょうをぬる。
2. 竹串2本に**1**を2枚ずつじゃばらにさし、6串作る。
3. フライパンにサラダ油を熱し、**2**を並べ入れ、両面焼きつける。

25分 / 240Kcal

食べるときは お好みでレモンを絞ってもおいしいです。

豚肉とかぼちゃの甘辛レンジ蒸し

ほくほくのかぼちゃに、豚肉の旨みをたっぷりなじませて。

冷蔵 3～4日　冷凍 3～4週間

材料（4～5人分）

- 豚バラ薄切り肉……300g
- かぼちゃ……………¼個
- しょうが、にんにく……各1かけ
- 長ねぎ………………10㎝
- A
  - しょうゆ………大さじ2
  - 砂糖……………大さじ1½
  - 酒………………大さじ1

作り方

1. 豚バラ薄切り肉は10㎝に切る。かぼちゃは種を取って1㎝厚さの薄切りにする。
2. しょうが、にんにくは皮をむき、長ねぎとともにみじん切りにする。
3. ボウルにAを入れて混ぜ、2、1の豚バラ薄切り肉を加えてからめる。
4. 耐熱皿に3、1のかぼちゃを交互に重ね、ラップをして、電子レンジで10～12分加熱する。

調理のポイント
かぼちゃに旨みがしみ込むように、かぼちゃを覆うように豚肉を広げてのせます。

20分　306Kcal

豚肉の塩肉じゃが

素材の味が引き立つ、塩味の肉じゃがです。

冷蔵 3～4日　冷凍 NG

材料（4～5人分）

- 豚バラ薄切り肉…300g
- にんにく…………1かけ
- 玉ねぎ……………½個
- じゃがいも………2個
- にんじん…………1本
- サラダ油…………大さじ1
- A
  - だし汁…………カップ2
  - 塩………………小さじ1
  - 砂糖……………大さじ1½
- グリーンピース（冷凍）……………大さじ1

作り方

1. 豚バラ薄切り肉は3～4㎝に切る。にんにくは皮をむいて薄切りにする。玉ねぎは皮をむいてくし形切りにする。じゃがいもは皮をむいてにんじんとともに乱切りにする。
2. フライパンにサラダ油を熱し、1の豚バラ薄切り肉を炒め、さらに1の野菜を加えて炒める。Aを加えて調味し、落としぶたをして、水分がほとんどなくなるまで煮詰める。
3. 仕上げにグリーンピースを加えてひと煮する。

25分　322Kcal

Part 3　ボリューム満点！ 肉・魚のメインのおかず

豚こま切れ肉

豚こま切れ肉は、豚肉の各部位をスライスした時に出る端や余った部分を集めたものです。安価で量もあり、使い勝手のよさが魅力です。

豚肉とズッキーニのみそ風味トマト煮

みそを加え、ほんのり和風に仕上げたトマト煮込みです。

冷蔵 3〜4日 / 冷凍 3〜4週間

材料(4〜5人分)

- 豚こま切れ肉……300g
- 塩、こしょう……各少量
- ズッキーニ……1本
- 玉ねぎ……½個
- にんにく……1かけ
- オリーブ油……大さじ1½
- A [トマト缶……1缶(400g)
     洋風スープの素……¼個]
- みそ……大さじ1

作り方

1. 豚こま切れ肉は大きいものがあれば食べやすく切り分け、塩、こしょうをふる。
2. ズッキーニは1cm厚さの輪切りにする。
3. 玉ねぎ、にんにくは皮をむいてみじん切りにする。
4. フライパンにオリーブ油大さじ½を熱し、2を入れて炒め一度取り出す。
5. 4のフライパンにオリーブ油大さじ1を足し、3、1を炒める。肉の色が変わったらAを加えて煮詰める。
6. 4を戻し入れてひと煮し、みそ、こしょうで調味する。

20分 / 203Kcal

調理のポイント: ズッキーニに火が通りすぎると、色が変わり、煮くずれてしまうので、焼いたら一度取り出して戻し入れます。

豚肉の団子揚げ

こま切れ肉をころころと丸めて作る、肉団子。揚げ焼きにして、外をカリッと。

冷蔵 3~4日　冷凍 3~4週間

材料（4～5人分）

- **豚こま切れ肉**……………300g
- A
  - しょうゆ……………大さじ1
  - 酒………………………大さじ1
  - しょうがのしぼり汁
  　………………………小さじ2
  - にんにく（みじん切り）
  　………………………1かけ分
  - 塩、こしょう…………各少量
- 小麦粉……………………適量
- サラダ油…………………適量

作り方

1. ボウルに A を入れて混ぜ、豚こま切れ肉を加えてあえ、下味をつける。
2. 1 を 3～4cm 大の団子に丸め、小麦粉をまぶし、形を整える。
3. フライパンに多めのサラダ油を熱し、2 を入れて、転がしながら揚げ焼きにする。

調理のポイント
手で適当な大きさに丸くなるように形を整えます。

保存ポイント
焼く前に1つずつラップで包み、冷凍用保存袋へ入れて冷凍しましょう。

20分　195Kcal

Part 3　ボリューム満点！ 肉・魚のメインのおかず

豚肉とかぶのペペロンチーノ

ピリ辛のペペロンチーノ味が豚肉とかぶにベストマッチ！

冷蔵 3〜4日　冷凍 3〜4週間

材料（4〜5人分）

豚こま切れ肉…300g
塩、こしょう…各少量
にんにく………1かけ
かぶ…大2個（280g）
オリーブ油…大さじ1
赤とうがらし（輪切り）
…………1本分
白ワイン……大さじ2

作り方

1. 豚こま切れ肉は、大きいものがあれば食べやすく切り分け、塩、こしょうをふる。

2. にんにくは皮をむいて薄切りにする。かぶは茎を2cm残し、8つ割りにする。

3. フライパンにオリーブ油を熱し、2のにんにく、赤とうがらしを炒める。香りがたったら、1を加えて炒める。肉の色が変わったら、2のかぶを加えて炒め合わせる。白ワインをふり入れ、ふたをして蒸し煮にし、塩、こしょうで調味する。

20分　170Kcal

豚肉とセロリのポン酢炒め

さっぱりとした味つけで、肉と野菜をたくさん食べたいときにピッタリ。

冷蔵 3〜4日　冷凍 3〜4週間

材料（4〜5人分）

豚こま切れ肉…300g
塩、こしょう…各少量
しょうが………1かけ
セロリ…………200g
ごま油………大さじ1
A [ポン酢しょうゆ
　………大さじ2
塩、こしょう
　………各少量]

作り方

1. 豚こま切れ肉は大きいものがあれば食べやすく切り分け、塩、こしょうをふる。しょうがは皮をむいてせん切りにする。

2. セロリは1cm角の5〜6cm長さに切る。

3. フライパンにごま油を熱し、1を入れて炒める。肉の色が変わったら、2を加えて炒め合わせ、Aを加えて調味する。

15分　161Kcal

ポークビーンズ

おいしさの秘訣は、しっかり煮詰めること！ 食べごたえも抜群です。

冷蔵 3～4日　冷凍 3～4週間

材料（4～5人分）

豚こま切れ肉……300g
塩、こしょう……各少量
玉ねぎ……………1/4個
にんにく…………1かけ
オリーブ油………大さじ1

A［
トマト缶…………1缶（400g）
洋風スープの素…1/2個
ローリエ…………1枚
ローズマリー……1枝
］

ひよこ豆水煮缶……小1缶（110g）

作り方

1. 豚こま切れ肉は大きいものがあれば食べやすく切り分け、塩、こしょうをふる。
2. 玉ねぎは皮をむいて1cm角に切る。にんにくは皮をむいてみじん切りにする。
3. フライパンにオリーブ油を熱し、**2**を入れて炒める。さらに**1**を加えて炒め合わせる。A、ひよこ豆水煮缶を加えて煮詰め、塩、こしょうで調味する。

20分　213Kcal

豚肉とキャベツの中華風みそ炒め

ご飯のおともにおすすめの、しっかりめの味つけ。

冷蔵 3～4日　冷凍 3～4週間

材料（4～5人分）

豚こま切れ肉……300g
塩、こしょう……各少量
にんにく…………少量
キャベツ…………3～4枚
ピーマン…………2個
サラダ油…………大さじ1

A［
甜麺醤（テンメンジャン）……大さじ2
酒…………………大さじ1
しょうゆ…………小さじ1
砂糖………………小さじ1
塩、こしょう……各少量
］

ごま油……………少量

作り方

1. 豚こま切れ肉は大きいものがあれば食べやすく切り分け、塩、こしょうをふる。にんにくは皮をむいて薄切りにする。
2. キャベツは大きめのざく切りにする。ピーマンはヘタと種を取り、乱切りにする。
3. フライパンにサラダ油を熱し、**1**を炒め、肉の色が変わったら、**2**を加えて炒め合わせる。Aを加えて調味し、ごま油を回し入れる。

20分　168Kcal

Part 3　ボリューム満点！ 肉・魚のメインのおかず

豚ロース薄切り肉

きめが細かく、やわらかくて、少なめの脂にも旨みがあります。冷めてもおいしい部位です。

冷蔵 3〜4日 ／ 冷凍 3〜4週間

ゆで豚肉のねぎソース
風味豊かなねぎソースを、たっぷりつけていただきましょう。

材料（4〜5人分）
- 豚ロース薄切り肉……300g（16枚）
- しょうが、にんにく……各1かけ
- 長ねぎ……10cm
- A
  - しょうゆ……大さじ2
  - 酢……大さじ1½
  - 砂糖……大さじ1
  - ごま油……小さじ1

作り方
1. しょうが、にんにくは皮をむき、長ねぎとともにみじん切りにしボウルに入れる。Aを加えて混ぜる。
2. 豚ロース薄切り肉は熱湯でゆで、冷水にとり、ペーパータオルに包んで水けをしっかりふく。
3. 2を1に加えてあえる。

20分　151Kcal

調理のポイント
豚ロース薄切り肉を冷水にとったあとは、ソースが水っぽくならないように、ペーパータオルなどで水けをふいてからねぎソースに漬けます。

豚肉とキムチ焼き

肉の中にキムチを包んだ、かわいい三角形の肉巻き！

冷蔵 3～4日　冷凍 3～4週間

材料（4～5人分）
- 豚ロース薄切り肉 …………300g（16枚）
- キムチ ……………… 160g
- 塩、こしょう、小麦粉 …………各少量
- サラダ油 ……… 大さじ1

作り方
1. キムチは刻み、8等分にする。
2. 豚ロース薄切り肉は2枚をつなげて長くして広げ、塩、こしょうをふり、小麦粉をまぶす。豚肉の手前に**1**をのせて三角になるように折っていく。
3. フライパンにサラダ油を熱し、**2**を並べ入れ、両面焼きつける。

保存ポイント　冷凍するときは、焼く前に1つずつラップで包み、冷凍用保存袋へ入れて保存。食べる前にしっかり焼きましょう。

20分　173kcal

豚肉のゆで卵巻き焼き

ゆで卵を包んで焼き、ボリューム感もたっぷり！

冷蔵 3～4日　冷凍 3～4週間

材料（4～5人分）
- 豚ロース薄切り肉 …………300g（16枚）
- 卵 …………………… 4個
- 塩、こしょう、小麦粉 …………各少量
- サラダ油 ………… 大さじ1
- A
  - しょうゆ …… 大さじ1
  - みりん ……… 大さじ1
  - 砂糖 ………… 大さじ1/2

作り方
1. 卵は固ゆでにして殻をむき、縦半分に切る。
2. 豚ロース薄切り肉は2枚を少しずらして重ねて広げ、塩、こしょうをふり、小麦粉をまぶす。豚肉に**1**をのせて巻き、仕上げに手で握って形を整え、まわりに小麦粉をまぶす。
3. フライパンにサラダ油を熱し、**2**の巻き終わりを下にして並べ入れ、両面焼きつける。**A**を加えてからめる。

保存ポイント　いたみやすい卵は、半熟ではなく、しっかり中まで火を通して保存しましょう。

30分　232Kcal

Part 3　ボリューム満点！肉・魚のメインのおかず

豚しょうが焼き用肉

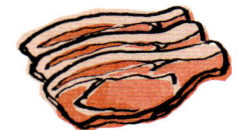

ロース薄切り肉よりも少し厚めにスライスした肉で、適度な食感と歯ごたえがあります。しょうが焼き以外にも活用しましょう。

冷蔵 4〜5日　冷凍 3〜4週間

豚肉の竜田揚げ

しょうがじょうゆでしっかりと下味をつけ、サクッとジューシーに！

材料（4〜5人分）

豚しょうが焼き用肉
　……………………300g（8枚）
A ┌ しょうゆ…………大さじ1
　│ 酒…………………大さじ1
　│ しょうがのしぼり汁
　│ …………………小さじ2
　└ 塩、こしょう………各少量
ピーマン………………………1個
サラダ油………………………適量
塩、こしょう…………………各少量
片栗粉…………………………適量

作り方

1. 豚しょうが焼き用肉はバットに入れたAに漬け、下味をつける。

2. ピーマンはヘタと種を取り、輪切りにする。

3. フライパンに多めのサラダ油を熱し、2を素揚げし、塩、こしょうをふる。片栗粉をまぶした1を入れて、揚げ焼きにする。

20分　229Kcal

保存ポイント 肉は焼く前に1枚ずつ広げてラップで包み、冷凍しておくと、くっつかずに取り出せます。また、下味がついているので冷凍してもおいしさが長持ちします。

豚肉とにんじんのピカタ

豚肉に卵をからめて焼き、ジューシーな肉汁をとじ込めます。

冷蔵 3〜4日　冷凍 3〜4週間

材料（4〜5人分）

豚しょうが焼き用肉
　……………300g（8枚）
塩、こしょう、小麦粉
　………………各少量
にんじん（上部）…¼本
卵………………4個
サラダ油………小さじ2

作り方

1. 豚しょうが焼き用肉は、塩、こしょうをふり、小麦粉をまぶす。
2. にんじんは5mm厚さの輪切りにする。
3. 卵は溶きほぐす。
4. フライパンにサラダ油を薄くひき、**1**、**2**を**3**にくぐらせて、並べ入れ、両面焼きつけ、さらにもう1度**3**にくぐらせて焼く。

20分　259Kcal

豚肉のライムマリネ

フレッシュなライムの香りが、口いっぱいに広がります。

冷蔵 3〜4日　冷凍 3〜4週間

材料（4〜5人分）

豚しょうが焼き用肉
　……………300g（8枚）
ライム……………1個
A ┌ ライム汁……大さじ3
　├ 塩……………小さじ¼
　├ こしょう………少量
　└ わさび………小さじ1
オリーブ油………大さじ5
塩、こしょう………各少量

作り方

1. ライムは1個を8切れの輪切りにし、さらに半分に切る
2. 保存容器に**A**を入れて混ぜ、オリーブ油大さじ4を加えてさらに混ぜる。
3. 豚しょうが焼き用肉は塩、こしょうをふる。
4. フライパンにオリーブ油大さじ1を熱し、**3**を並べ入れ、両面焼きつける。
5. **4**を**2**に漬け、**1**を散らす。

調理のポイント　豚肉は焼いたらすぐにマリネ液へ入れて、ライムをまんべんなく散らします。

20分　151Kcal

Part 3　ボリューム満点！ 肉・魚のメインのおかず

豚ロース厚切り肉

程よくついた脂身にも凝縮された旨みがあるので除かずに調理を！作りおきしておけば、あっという間にボリュームおかずを食卓へ。

ナッツ入り衣のとんかつ

ざくっと歯ごたえが楽しめるナッツ入りの衣！

冷蔵 3〜4日 / 冷凍 3〜4週間

材料（4〜5人分）

- 豚ロース厚切り肉……4枚
- 塩、こしょう……各少量
- A
  - パン粉……カップ1½
  - ダイスナッツ（アーモンド）……35g
- B
  - 小麦粉……大さじ3〜4
  - 溶き卵……1個
- サラダ油……適量
- フライドポテト（冷凍）……（あれば）100g

作り方

1. 豚ロース厚切り肉は筋を切ってたたき、塩、こしょうをふる。
2. Aのパン粉とダイスナッツを混ぜる。1にBの小麦粉、溶き卵、混ぜておいたAの順につける。
3. フライパンに多めのサラダ油を熱し、揚げ焼きにする。
4. あればフライドポテトをいっしょに揚げて添える。

20分 / 485kcal

食べるときは 食べやすい大きさに切って温めていただきましょう。

ポークジンジャー

漬け汁にりんごを加え、フルーティーな香りをプラスします。

冷蔵 3〜4日 / 冷凍 3〜4週間

材料（4〜5人分）

- 豚ロース厚切り肉……4枚
- 塩、こしょう、小麦粉……各少量
- オリーブ油………大さじ1
- A
  - 白ワイン……½カップ
  - しょうゆ……大さじ1
  - にんにくのすりおろし……1かけ分
  - りんごのすりおろし……¼個
  - しょうがのしぼり汁……小さじ2
  - しょうが（せん切り）……1かけ
- バター…………大さじ3

作り方

1. 豚ロース厚切り肉は筋を切ってたたき、塩、こしょうをふり、小麦粉をまぶす。
2. フライパンにオリーブ油を熱し、**1**を並べ入れる。両面をこんがり焼き一度取り出す。
3. **2**のフライパンの余分な油をペーパータオルでふく。Aを加えて半量になるまで煮詰めて火を止め、バターを加えて溶かす。
4. **2**を戻し入れて全体にからめる。

⏱ 20分

豚肉のパプリカ蒸し煮

手軽な重ね蒸しで、肉と野菜の旨みを引き出します。

冷蔵 3〜4日 / 冷凍 3〜4週間

材料（4〜5人分）

- 豚ロース厚切り肉…4切れ
- 塩、こしょう、小麦粉……各少量
- 玉ねぎ………………½個
- にんにく……………1かけ
- セロリ………………50g
- 赤、黄パプリカ……各½個
- オリーブ油……大さじ1½
- A
  - パプリカパウダー……大さじ1
  - 洋風スープの素（くだく）……½個
  - 白ワイン……カップ1

作り方

1. 豚ロース厚切り肉は筋を切り、1切れを3等分のそぎ切りにする。塩、こしょうをふり、小麦粉をまぶす。
2. 玉ねぎ、にんにくは皮をむいて薄切りにする。セロリはななめ薄切りにする。赤、黄パプリカはヘタと種を取り、半分に切って薄切りにする。
3. フライパンにオリーブ油大さじ1を熱し、**1**を両面焼きつけ、一度取り出す。オリーブ油大さじ½を足し、**2**を炒めてしんなりしたら、Aを加え、豚肉を上にのせる。10分蒸し煮にし、塩、こしょうで調味する。

⏱ 25分　342 Kcal

Part 3 ボリューム満点！ 肉・魚のメインのおかず

豚バラブロック・スペアリブ

どちらも食べごたえ満点！ おつまみにもピッタリなレシピも紹介します。じっくり煮込むと肉がとってもやわらかくなります。

ゆで卵入り豚角煮

とろりとやわらかく煮た豚肉と、煮汁のしみた卵は絶品！

冷蔵 4〜5日　冷凍 3〜4週間

材料（4〜5人分）

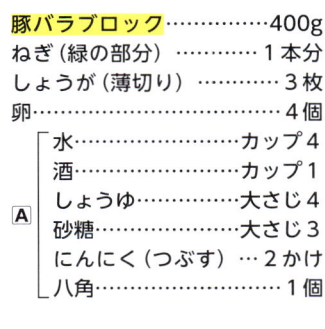

- 豚バラブロック……400g
- ねぎ（緑の部分）……1本分
- しょうが（薄切り）……3枚
- 卵……4個
- A
  - 水……カップ4
  - 酒……カップ1
  - しょうゆ……大さじ4
  - 砂糖……大さじ3
  - にんにく（つぶす）……2かけ
  - 八角……1個

作り方

1. 鍋にたっぷりの水（分量外）、豚バラブロック、ねぎ、しょうがを入れて火にかける。沸騰したらアクを取り、15分ゆでる。
2. 1の豚肉を取り出して5cm厚さに切る。
3. 卵はゆでて殻をむく。
4. 鍋にAを入れて、2、3を加えて火にかけ、約2時間煮る。

調理のポイント　プロセス4で豚肉を煮るときに、途中水分がなくなったら水を適宜足しましょう。

保存ポイント　煮卵は別に保存して、それだけで1品にしても！

150分　450kcal

サムギョプサル

サンチュやレタスで巻いてもおいしくいただけます。

冷蔵 3〜4日　冷凍 3〜4週間

材料（4〜5人分）

豚バラブロック……400g
A ┌ にんにくのすりおろし
　│ …………… 2かけ分
　│ 塩………… 小さじ⅓
　│ こしょう……… 少量
　└ 酒………… 小さじ1
ごま油……… 大さじ1½
長ねぎ……………… 6㎝
B ┌ みそ……… 大さじ1
　│ コチュジャン
　│ ………… 小さじ1
　│ 砂糖……… 大さじ½
　│ 白すりごま… 小さじ1
　└ ごま油…… 小さじ1

作り方

1. 豚バラブロックは1㎝厚さに切る。
2. バットにAを入れて混ぜ、1を加えてあえ、ごま油大さじ1を加えてさらに混ぜる。
3. 長ねぎはせん切りにし、2㎝長さに切る。水にさらし、しっかり水けをきる。
4. Bはよく混ぜておく。
5. フライパンにごま油大さじ½を熱し、2を並べ入れ、両面カリカリになるまで焼く。
6. 5に4をぬり、保存容器に入れて3を散らす。

20分　311Kcal

スペアリブと大根の煮もの

昆布だしでじっくり煮込んだ、和風の煮ものです。

冷蔵 3〜4日　冷凍 3〜4週間

材料（4〜5人分）

豚スペアリブ………… 8本
大根………………… ¼本
昆布…………………… 20㎝
サラダ油………… 大さじ1
水＋昆布のもどし汁
　………………… カップ4
A ┌ しょうゆ… 大さじ1
　│ 酒………… 大さじ2
　│ みりん…… 大さじ2
　│ 塩………… 小さじ1
　│ にんにく（薄切り）
　│ ………… 1かけ分
　└ 赤とうがらし… 2本

作り方

1. 大根は皮をむいて2㎝厚さの半月切りにする。昆布はもどして適当な大きさに切って結ぶ。
2. 鍋にサラダ油を熱し、豚スペアリブを全面焼きつける。
3. 2の鍋に水＋昆布のもどし汁を加える。沸騰したらアクを取り、Aを加えて調味し、1を加え30〜40分煮る。

50分　259Kcal

Part 3　ボリューム満点！ 肉・魚のメインのおかず

豚ひき肉

牛や鶏よりも脂が多く、こってりとした旨みが特徴です。しょうがやにんにくなどの薬味との相性も抜群！

冷蔵 2~3日　冷凍 3~4週間

揚肉団子とれんこんの甘酢あん

カリッと揚げた大きめの肉団子に、甘酢あんをまんべんなくからめて。

20分　161Kcal

材料（4～5人分）

- 豚ひき肉……………400g
- 玉ねぎ………………¼個
- しょうが……………1かけ
- 塩、こしょう………各少量
- 片栗粉………………大さじ1
- れんこん……………150g
- サラダ油……………適量
- A
  - トマトケチャップ…大さじ3
  - 酢……………………大さじ2
  - 酒……………………大さじ1
  - 砂糖…………………大さじ2
  - 塩、こしょう………各少量
  - 水……………………カップ½
  - 鶏がらスープの素…少量
- 水溶き片栗粉…水大さじ1＋片栗粉大さじ½
- ごま油………………少量

作り方

1. 玉ねぎ、しょうがは皮をむいてみじん切りにする。
2. ボウルに豚ひき肉を入れ、**1**、塩、こしょう、片栗粉を加えて混ぜ、3cm大の団子にまとめる。
3. れんこんは皮をむいて乱切りにする。
4. フライパンに多めのサラダ油を熱し、**2**、**3**を入れ、揚げ焼きにする。
5. 鍋に**A**を入れて沸騰させ、水溶き片栗粉を加えてとろみをつける。ごま油を回し入れ、**4**を加えてからめる。

調理のポイント
へらで底からすくうように混ぜ、あんをしっかり全体にからめて味つけをしましょう。

ニラしゅうまい

パクパク食べられる、ひと口サイズのしゅうまい！

冷蔵 3〜4日 / 冷凍 3〜4週間

30分 / 286Kcal

材料（4〜5人分）
- 豚ひき肉……400g
- 玉ねぎ……¼個
- しょうが……1かけ
- ニラ……¼束
- A
  - しょうゆ……大さじ1
  - 酒……大さじ1
  - 塩……小さじ½
  - こしょう……各少量
  - ごま油……大さじ1
- しゅうまいの皮……30枚
- くこの実……30粒

作り方
1. 玉ねぎ、しょうがは皮をむいてみじん切りにする。ニラは小口切りにする。
2. ボウルに豚ひき肉、A、1を入れて混ぜ、30等分にする。しゅうまいの皮で包み、くこの実をのせる。
3. 湯気の立った蒸し器にクッキングシートを敷いて、2を並べ入れ、弱火で8〜10分蒸す（耐熱皿に並べ、ラップをし、8〜10分電子レンジで加熱も可）。

調理のポイント：手で筒を作り、その上に皮をのせ、スプーンなどでたねを適量置くと、簡単に包めます。

麻婆夏野菜

スタミナ満点！ 野菜もたっぷり入ったご飯によく合う一品！

冷蔵 3〜4日 / 冷凍 3〜4週間

20分 / 247Kcal

材料（4〜5人分）
- 豚ひき肉……400g
- なす……2個
- ズッキーニ……1本
- しょうが……1かけ
- にんにく……1かけ
- 長ねぎ……½本
- サラダ油……大さじ1½
- A
  - 甜麺醤（テンメンジャン）……大さじ2
  - 豆板醤……小さじ2
  - 酒……大さじ1
  - しょうゆ……大さじ1
  - 砂糖……小さじ2
  - 水……カップ⅔
  - 鶏がらスープの素……少量
  - 塩、こしょう……各少量
- 水溶き片栗粉……水大さじ1＋片栗粉大さじ½
- ごま油……少量

作り方
1. なす、ズッキーニはヘタを取り、1cm厚さの輪切りにする。
2. しょうが、にんにくは皮をむき、長ねぎとともにみじん切りにする。
3. フライパンにサラダ油大さじ1を熱し、1を入れて炒め、一度取り出す。
4. 3のフライパンにサラダ油大さじ½を足し、2を炒め、香りがたったら、豚ひき肉を加え、ぱらぱらになるまで炒める。Aを加えて沸騰したら、3を戻し入れ、ひと煮する。水溶き片栗粉でとろみをつけ、ごま油を回し入れる。

Part 3　ボリューム満点！ 肉・魚のメインのおかず

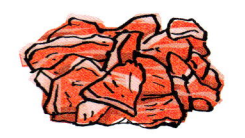

牛こま切れ肉

こま切れ肉は、比較的安く手に入れることができます。大きさをそろえ、均一に火を通すのが、作りおきのポイントです。

牛肉としめじのデミグラスソース煮

味わい豊かなデミグラスソースで、牛肉を煮込みます。

冷蔵 3～4日　冷凍 3～4週間

材料（4～5人分）
- 牛こま切れ肉……………300g
- 塩、こしょう……………各少量
- 玉ねぎ……………………½個
- しめじ…………1パック（100g）
- バター……………………大さじ1
- 赤ワイン…………………カップ¼
- A ┌ デミグラスソース缶……1缶（290g）
  └ ウスターソース……大さじ1
- 生クリーム………………大さじ2

作り方

1. 牛こま切れ肉は大きいものがあれば食べやすい大きさに切り分け、塩、こしょうをふる。

2. 玉ねぎは皮をむいてくし形切りにする。しめじはいしづきを取り、小房に分ける。

3. フライパンにバターを溶かし、**2**の玉ねぎ、**1**を炒める。肉の色が変わったら**2**のしめじを加えて炒め合わせ、赤ワインを加える。

4. **3**が沸騰したらAを加えて煮る。

5. 仕上げに生クリームを加え、塩、こしょうで調味する。

20分　218Kcal

牛肉と焼き豆腐のすき焼き風

汁けがなくなるまで煮詰め、豆腐にも肉の旨みをギュッととじ込めて。

冷蔵 4～5日　冷凍 3～4週間

材料（4～5人分）

- 牛こま切れ肉……… 300g
- 長ねぎ……………… 1本
- 焼き豆腐…………… 1丁
- サラダ油………… 大さじ1
- A
  - しょうゆ… 大さじ4
  - みりん…… 大さじ4
  - 砂糖……… 大さじ3

作り方

1. 牛こま切れ肉は大きいものがあれば食べやすい大きさに切り分ける。
2. 長ねぎは1cm厚さの斜め切りにする。焼き豆腐は8等分に切る。
3. フライパンにサラダ油を熱し、1、2のねぎを炒める。肉の色が変わったら、A、2の焼き豆腐を加えて煮詰める。

食べるときは 七味とうがらしをふってもおいしくいただけます。

15分　262Kcal

牛肉とごぼうのみそ炒め

しっかり味の炒めものはご飯にのせてもおいしい！

冷蔵 4～5日　冷凍 3～4週間

材料（4～5人分）

- 牛こま切れ肉……… 300g
- ごぼう……………… 30cm
- ごま油…………… 大さじ1
- A
  - みそ……… 大さじ3
  - 酒………… 大さじ1
  - 砂糖……… 大さじ2
- 万能ねぎ（小口切り）……… 2～3本分

作り方

1. 牛こま切れ肉は大きいものがあれば食べやすく切り分ける。
2. ごぼうは包丁で皮をこそげ取り、ささがきにし、水にさらす。
3. フライパンにごま油を熱し、2を炒め、1を加えて炒め合わせる。肉の色が変わったら、Aを加えて調味する。
4. 仕上げに万能ねぎをふる。

20分　213Kcal

Part 3

ボリューム満点！肉・魚のメインのおかず

牛薄切り肉

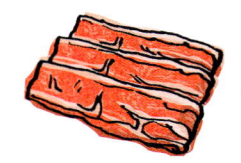

薄切り肉は火が通りやすく、炒めても巻いても使いやすい！特に肉巻きはお弁当のおかずにもしやすく、おすすめです。

冷蔵 3〜4日 / 冷凍 3〜4週間

チャプチェ風
焼き肉のタレで、味が手軽に決まります！

材料（4〜5人分）

牛薄切り肉	300g（10枚）
ごま油	大さじ1
焼き肉のタレ	大さじ3
卵	1個
塩、こしょう	各少量
サラダ油	少量
春雨	20g
にんじん	¼本
きゅうり	1本
ごま油	大さじ1
糸とうがらし	少量

作り方

1. 牛薄切り肉は半分に切る。フライパンにごま油を熱し、牛肉を焼きつけ、焼き肉のタレをからめる。保存容器に入れる。
2. 卵は溶きほぐし、塩、こしょうをふる。フライパンにサラダ油を薄くひき、薄焼き卵を2枚作り、せん切りにする。
3. 春雨はかためにゆでる。
4. にんじん、きゅうりはせん切りにする。
5. フライパンにごま油を熱し、4のにんじんを炒める。さらに3、4のきゅうりを加え、塩、こしょうで調味する。
6. 1の上に5、2、糸とうがらしの順にのせる。

25分 / 248Kcal

食べるときは よく混ぜて、このままでも、ご飯にのせても。

牛肉のアスパラスティック

アスパラガスを丸ごと1本包んで。おつまみにも。

冷蔵 3〜4日　冷凍 3〜4週間

材料（4〜5人分）
牛薄切り肉…300g（10枚）
塩、こしょう、小麦粉
　　　　　　　　…各少量
グリーンアスパラガス
　　　　　　　　…10本
サラダ油………大さじ1
七味とうがらし……少量

作り方
1. 牛薄切り肉は広げ、塩、こしょうをふり、小麦粉をまぶす。
2. グリーンアスパラガスは熱湯でゆでる。
3. 1に2を斜めに置き、らせん状に巻きつける。
4. フライパンにサラダ油を熱し、3を並べ入れ、転がしながら全面焼きつける。
5. 4に七味とうがらしをふる。

25分　189kcal

牛肉の野菜巻き照り焼き

歯ごたえのよい野菜を包んで、甘じょっぱく味つけ！

冷蔵 4〜5日　冷凍 3〜4週間

材料（4〜5人分）
牛薄切り肉…300g（10枚）
塩、こしょう、小麦粉
　　　　　　　　…各少量
いんげん……………10本
にんじん……………1本
サラダ油………大さじ1
A［しょうゆ……大さじ1
　みりん………大さじ1
　砂糖…………大さじ½］

調理のポイント　いんげんとにんじんを絵のように並べ、肉で包みます。

作り方
1. 牛薄切り肉は広げ、塩、こしょうをふり、小麦粉をまぶす。
2. いんげんは熱湯でゆでて半分に切る。にんじんは1cm角の6cm長さの棒状に20本になるように切ってゆでる。
3. 1に2を市松になるようにそれぞれ2本ずつのせ、芯にして巻き、周りに小麦粉をまぶす
4. フライパンにサラダ油を熱し、3のつなぎ目を下にして並べ入れ、転がしながら全面焼きつける。Aを加えてからめる。

25分　211kcal

Part 3　ボリューム満点！肉・魚のメインのおかず

牛カレー用肉

赤身が多く、歯ごたえがしっかりしていますが、煮込むことでやわらかくなります。カレー以外にもポトフなどの煮込み料理にもってこいです。

牛肉のワイン煮

野菜がたっぷり溶け込んだソースでじっくり煮込んで、ほろほろとほどける肉に！

冷蔵 4〜5日 / 冷凍 3〜4週間

材料（4〜5人分）

牛カレー用肉……300g
塩、こしょう、小麦粉……各少量
玉ねぎ……1個
にんにく……1かけ
セロリ……½本
にんじん……1本
サラダ油……大さじ1½
小麦粉……大さじ2
赤ワイン……カップ1
A [トマトペースト……大さじ3
　　水……カップ4
　　洋風スープの素……1個
　　ローリエ、ローズマリー……各少量]
しょうゆ、ウスターソース……各小さじ½

作り方

1. 牛カレー用肉は、塩、こしょうをふり、小麦粉をまぶす。
2. 玉ねぎ、にんにくは皮をむき、セロリ、にんじんとともに薄切りにする。
3. 鍋にサラダ油大さじ1を熱し、**1**を全面こんがり焼きつけ、一度取り出す。
4. **3**の鍋にサラダ油大さじ½を足し、**2**を炒め、小麦粉をふり入れ、赤ワインを加える。**3**の肉を戻し入れ、半量になるまで煮詰める。さらに**A**を加え、約2時間煮る。
5. 肉を取り出し、煮汁と野菜をミキサーにかけてから鍋に戻し入れ、肉を戻し、さらに15〜20分煮込む。
6. **5**にしょうゆ、ウスターソース、塩、こしょうを加えて調味する。

160分 / 278Kcal

牛肉と空豆のオイスター炒め

牛肉は厚めに切って歯ごたえを生かします。

冷蔵 3〜4日 / 冷凍 3〜4週間

材料（4〜5人分）

牛カレー用肉………300g
塩、こしょう………各適量
玉ねぎ………………¼個
しょうが……………1かけ
空豆（冷凍）………200g
サラダ油……………大さじ1

A
- オイスターソース………小さじ2
- しょうゆ……小さじ1
- 砂糖…………小さじ1
- 酒……………大さじ1

ごま油………………少量

作り方

1. 牛カレー用肉は1.5cm厚さに切り、塩、こしょうをふる。
2. 玉ねぎは皮をむいて1cm厚さのくし形切りにする。しょうがは皮をむいてみじん切りにする。
3. 空豆は薄皮をむく。
4. フライパンにサラダ油を熱し、2、1の順で炒め、Aを加えて調味する。仕上げに3を加えてからめ、ごま油を回し入れる。

20分 / 262Kcal

牛肉のポトフ

大きめに切った肉と野菜から、だしがたっぷりしみ出します。

冷蔵 3〜4日 / 冷凍 NG

材料（4〜5人分）

牛カレー用肉……300g
塩、こしょう……各少量
玉ねぎ………………1個
クローブ……………1本
にんじん……………1本
キャベツ……………½個
じゃがいも…………2個
かぶ…………………2個
水……………………カップ5

A
- 洋風スープの素…………2個
- ローリエ………1枚
- ローズマリー…1枝
- にんにく（つぶす）………2かけ

作り方

1. 牛カレー用肉は塩、こしょうをふる。
2. 玉ねぎは皮をむいてクローブをさす。にんじんは横半分に切り2〜4つ割にする。キャベツは半分に切る。
3. じゃがいもは皮をむいて半分に切り、面取りする。かぶは茎を2cm残して切り、さらに縦半分に切り、面取りする。
4. 鍋に水、1を入れて火にかけ、沸騰したらアクを取る。A、2を加えて40分煮る。
5. 3のじゃがいもを加え、10分煮る。3のかぶを加えてさらに10分煮て、塩、こしょうで調味する。

75分 / 304Kcal

Part 3 ボリューム満点！肉・魚のメインのおかず

牛ももブロック

赤身が多く脂肪が少ないので、定番のローストビーフはもちろん、煮込み料理にも。おもてなしにも役立ちます。

冷蔵 3～4日 ／ 冷凍 3～4週間

フライパンローストビーフ

タレにも肉の旨みを加えます。パーティーにもピッタリ！

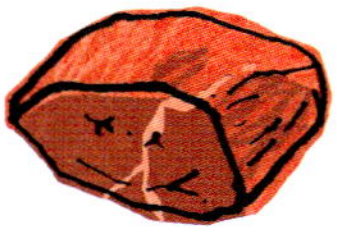

材料（4～5人分）

- 牛ももブロック……………500g
- A
  - 塩………………………小さじ1
  - 粗びき黒こしょう………小さじ2
  - にんにくのすりおろし……1かけ分
  - ローズマリー……………1枝
- オリーブ油………………………大さじ1
- 赤ワイン…………………………カップ½
- B
  - 水………………………大さじ1
  - しょうゆ………………大さじ1
  - みりん…………………大さじ1½
- バター……………………………大さじ1
- わさび……………………………小さじ1
- クレソン…………………………適量

作り方

1. 牛ももブロックはAをまぶし、常温で30分おく。
2. フライパンにオリーブ油を熱し、**1**を入れて中火で1面を1分ずつ焼き、4面焼き色をつける。
3. **2**に赤ワインを加え、一度沸騰したら弱火にし、ふたをして、約8分蒸し焼きにする。
4. ふたを取り、肉を裏返してふたをし、さらに3分蒸し焼きにする。
5. アルミホイルを大きめに2枚広げ**4**を取り出して、二重に包み、そのまま30分おく。
6. **4**のフライパンに残った肉汁に、Bを加えて沸騰させ、火を止め、バターを加えて溶かし、ソースを作る。
7. 食べるときに薄く切り、**6**のソース、わさび、クレソンを添える。

90分

保存ポイント　ソースは肉とは別に保存容器に入れて保存します。また、肉は丸ごと保存し、食べるときに切っていただきます。

牛すじ肉

コラーゲンたっぷりの牛すじ肉は、煮込むとトロトロにやわらかくなるのが特徴です。作りおきして、さらに味をしみ込ませましょう。

牛すじ肉とこんにゃくのトロトロ煮

こんにゃくにも味がしっかりしみ込み、肉はやわらかです。

冷蔵 4〜5日　冷凍 NG*

※こんにゃくを除けば3〜4週間冷凍OK！

180分　176Kcal

材料（4〜5人分）
- 牛すじ肉……400g
- こんにゃく……1枚
- 長ねぎ（緑の部分）……1本分
- しょうが、にんにく……各1かけ
- 水……カップ6
- A
  - しょうゆ……大さじ4
  - 酒……大さじ4
  - 砂糖……大さじ4

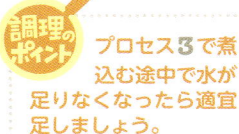

作り方
1. 牛すじ肉はたっぷりの水（分量外）の入った鍋に入れ、沸騰したら10分ゆで、ざるにあげて肉を洗う。再びたっぷりの水（分量外）の入った鍋に入れ、ゆでこぼし、4〜5cm大に切る。
2. こんにゃくは手でちぎり、熱湯でゆでる。長ねぎはぶつ切り、しょうが、にんにくは皮をむいて薄切りにする。
3. 鍋に水、1を加えて火にかける。沸騰したら、A、2を加えて2時間30分煮る。

調理のポイント　プロセス3で煮込む途中で水が足りなくなったら適宜足しましょう。

牛すじ肉と大根のキムチ煮

キムチたっぷり！ 体が温まる韓国風の煮込み料理です。

冷蔵 4〜5日　冷凍 3〜4週間

180分　270Kcal

材料（4〜5人分）
- 牛すじ肉……400g
- 大根……½本
- にんにく……2かけ
- ごま油……大さじ1
- 水……カップ6
- A
  - しょうゆ……大さじ2
  - 酒……大さじ4
  - 塩……小さじ1
- キムチ……250g

作り方
1. 牛すじ肉はたっぷりの水（分量外）の入った鍋に入れ、沸騰したら10分ゆで、ざるにあげて肉を洗う。再びたっぷりの水（分量外）の入った鍋に入れ、ゆでこぼし、4〜5cm大に切る。
2. 大根は2cm厚さのいちょう切りにする。にんにくは皮をむいて薄切りにする。
3. 鍋にごま油を熱し、1、2のにんにくを炒め、水を加えて沸騰したらAを加え1時間30分煮る。2の大根、キムチを加え、さらに1時間煮る。

調理のポイント　プロセス3で煮込む途中で水が足りなくなったら適宜足しましょう。

Part 3　ボリューム満点！ 肉・魚のメインのおかず

合いびき肉

牛と豚のおいしさが詰まった、合いびき肉。多めの量でパックされているものもあるので、安くなっているときを狙って、作りおきおかずに！

チーズハンバーグ

チーズがとろりとかかった、食べやすいサイズのハンバーグです。

冷蔵 3〜4日 / 冷凍 3〜4週間

材料（4〜5人分）

- 合いびき肉……400g
- にんにく……1かけ
- 玉ねぎ……¼個
- サラダ油……大さじ1½
- パン粉、牛乳……各大さじ3
- 卵……1個
- 塩……小さじ½
- こしょう、ナツメグ……各少量
- スライスチーズ……2枚
- パプリカパウダー……（あれば）適量

作り方

1. にんにく、玉ねぎは皮をむいてみじん切りにする。フライパンにサラダ油大さじ½を熱し、にんにくと玉ねぎを炒め、粗熱をとる。
2. パン粉は牛乳にひたしておく。
3. ボウルに合いびき肉、**1**、**2**、卵、塩、こしょう、ナツメグを加えてよく混ぜ、8等分にし、小判形に成形する。
4. フライパンにサラダ油大さじ1を熱し、**3**を並べ入れ、焦げ色がついたら裏返す。ふたをして裏面も焼く。1枚を4等分したスライスチーズを1枚ずつのせる。あれば、パプリカパウダーをふる。

30分 / 267Kcal

保存ポイント　成形し、焼く前に1つずつラップに包んで冷凍用保存袋に入れて冷凍してもOK。作りたてを味わえます。

調理のポイント　小さめに成形すれば、火が通りやすく、保存もしやすくなります。

レンジミートローフ

れんこんを混ぜ込んだ、歯ごたえのあるミートローフ。手作りソースもいっしょに。

冷蔵 3〜4日　冷凍 3〜4週間

材料（4〜5人分）

- 合いびき肉……400g
- 玉ねぎ……¼個
- にんにく……1かけ
- サラダ油……小さじ2
- パン粉、牛乳……各大さじ3
- れんこん……70g
- 卵……1個
- A［塩……小さじ½／こしょう、ナツメグ…各少量］
- 雑穀ミックス水煮……2パック（80g）
- B［トマトケチャップ…大さじ4／とんかつソース……大さじ2／バター……大さじ2］

作り方

1. 玉ねぎ、にんにくは皮をむいてみじん切りにし、サラダ油を熱したフライパンで炒める。パン粉は牛乳にひたしておく。れんこんは皮をむいて粗みじん切りにする。
2. ボウルに合いびき肉、1のれんこん以外、卵、Aを加えてよく混ぜ、さらに雑穀ミックス水煮、1のれんこんを加えて混ぜる。耐熱パウンドケーキ型に詰め、電子レンジで10分加熱する。冷めたら食べやすく切り分ける。Bは耐熱容器に入れ、電子レンジで1分加熱し、ソースを作る。食べるときにソースをつけていただく。

20分　332Kcal

和風ロールキャベツ

ほんのりみそ味の、ご飯にも合う和風ロールキャベツ！

冷蔵 3〜4日　冷凍 3〜4週間

材料（4〜5人分）

- 合いびき肉……400g
- しょうが……1かけ
- 長ねぎ……½本
- 牛乳、パン粉……各大さじ3
- 卵……1個
- 塩……小さじ½
- こしょう、粉山椒……各少量
- キャベツ……8枚
- 小麦粉……少量
- A［だし汁……カップ2½／みそ……大さじ2］

作り方

1. しょうがは皮をむき、長ねぎとともにみじん切りにし、ボウルに入れる。さらに、牛乳にひたしておいたパン粉、合いびき肉、卵、塩、こしょう、粉山椒を加えてよく混ぜ、8等分にしてまとめる。
2. キャベツは外側から8枚丁寧にはがし、熱湯で色よくゆでて芯をそぐ。キャベツの水けをふいて広げ、小麦粉をふり、1をのせて包み、巻き終わりをようじでとめる。
3. 鍋にAを沸騰させ、2を並べ入れ、落としぶたをして煮る。

60分　256Kcal

Part 3　ボリューム満点！肉・魚のメインのおかず

コラム① そのまま加熱してすぐできる！ 冷凍おかず便利帳

半分調理して冷凍すれば、あとはささっと焼くだけ、揚げるだけ、煮るだけでできる、お役立ち冷凍おかずレシピを紹介します！

鶏肉の唐揚げ

下味をつけて冷凍してあるから、味もよくしみ込みます！

342 Kcal

半調理！

材料（2人分）
- 鶏もも肉……1枚
- A
  - しょうゆ……小さじ1
  - 酒……大さじ1
  - 塩、こしょう……各少量
  - しょうがのしぼり汁……小さじ2

作り方
1. 鶏もも肉は5〜6cm大に切る。
2. ボウルにAを入れて混ぜ、1を加えて下味をつける。冷凍用保存袋になるべく重ならないようにして入れて冷凍する。

⏱15分　冷凍3〜4週間

おいしく調理！

材料
- 冷凍鶏肉の唐揚げ……2人分
- 小麦粉……適量
- サラダ油……適量
- にんじん、セロリ……（あれば）各適量

作り方
1. 「冷凍鶏肉の唐揚げ」を解凍して、小麦粉をつける。フライパンに多めのサラダ油を熱し、揚げ焼きにする。あれば、にんじん、セロリのスティックを添える。

ひと口かつ

衣をつけて冷凍しておけば、あとは揚げるだけ！

442 Kcal

半調理！

材料（2人分）
- 豚ロース厚切り肉……2枚
- 塩、こしょう……各少量
- A
  - 小麦粉……大さじ3〜4
  - 溶き卵……1個分
  - パン粉……カップ2

作り方
1. 豚ロース厚切り肉は1切れを3等分に切り、塩、こしょうをふる。Aの衣を小麦粉、溶き卵、パン粉の順につける。
2. 1をラップで包み、冷凍用保存袋に入れて冷凍する。

⏱15分　冷凍3〜4週間

おいしく調理！

材料
- 冷凍ひと口かつ……2人分
- サラダ油……適量
- つけ合わせ野菜……（あれば）適量

作り方
1. フライパンに多めのサラダ油を熱し、凍ったまま「冷凍ひと口かつ」を揚げ焼きにする。皿に盛りつけ、ソース（分量外）をかけていただく。あれば、キャベツのせん切り、プチトマトの半割り、パセリなどを添える。

ピーマンの肉詰め

お弁当のおかずにもピッタリ！じっくり中まで火を通しましょう。

314 Kcal

半調理！

材料（2人分）
- 合いびき肉……150g
- 玉ねぎ……1/4個
- A
  - 溶き卵……1/3個分
  - パン粉＋牛乳……各大さじ1
  - 塩、こしょう、ナツメグ……各少量
- ピーマン……3個
- 小麦粉……少量

作り方
1. 玉ねぎは皮をむいてみじん切りにし、電子レンジで30秒加熱する。
2. ボウルに合いびき肉を入れ、1、Aを加えてよく練り、6等分にする。
3. ピーマンは縦半分に切りヘタは取らずに種を取る。内側に小麦粉をふり、2を詰める。
4. 1個ずつラップで包み、冷凍用保存袋に入れて冷凍する。

⏱25分　冷凍3〜4週間

おいしく調理！

材料
- 冷凍ピーマンの肉詰め……2人分
- サラダ油……大さじ1
- 黄プチトマト……（あれば）1個

作り方
1. フライパンにサラダ油を熱し、凍ったままの「冷凍ピーマンの肉詰め」を肉の面を下にして入れ、じっくり焼く。あれば、黄プチトマトの半割りを添える。

餃子

分量を倍増して、たくさん作っておいてもGOOD！

半調理！

材料（2人分）

- 豚ひき肉……80g
- しょうが……½かけ
- 玉ねぎ……¼個
- キャベツ……80g
- A[塩……小さじ⅓
    しょうゆ……大さじ¼
    こしょう……少量
    ごま油……小さじ¼]
- 餃子の皮……12枚

作り方

1. しょうが、玉ねぎは皮をむいてみじん切りにする。
2. キャベツは1cm角に切り、塩（分量外）をふり5〜6分おいてから水けをしぼる。
3. ボウルに豚ひき肉、A、1のしょうがを入れて混ぜる。
4. 3に1の玉ねぎ、2を加えさっと混ぜる。
5. 餃子の皮に4をのせて、縁に水をつけひだをよせて包む。
6. 小分けしてラップで包み、冷凍用保存袋に入れて冷凍する。

25分　冷凍3〜4週間

おいしく調理！

材料

- 冷凍餃子……2人分
- サラダ油……少量
- 水……カップ¼
- ごま油……少量
- A[しょうゆ、酢、ラー油……各適量]
- パセリ……（あれば）少量

154Kcal

作り方

1. 熱したフライパンにサラダ油を薄くひき、凍ったままの「冷凍餃子」を並べ入れ、水を入れ、ふたをして加熱する。水分がなくなり、ほどよい焦げ目がついたら、ごま油を全体にまわしかける。
2. 皿に盛りつけ、あればパセリを添える。Aを混ぜ合わせたタレでいただく。

イワシのつみれ

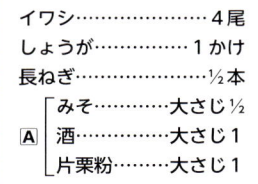

イワシを存分に使ったつみれは、だしもたっぷり！

半調理！

材料（2人分）

- イワシ……4尾
- しょうが……1かけ
- 長ねぎ……½本
- A[みそ……大さじ½
    酒……大さじ1
    片栗粉……大さじ1]

作り方

1. イワシは三枚におろし、皮を取る。
2. しょうがは皮をむいて、長ねぎ、1とともにフードプロセッサーにかけてAを加えて調味する。
3. スプーンを2本使って3〜4cm大のラグビーボール型にまとめながら、熱湯に入れてゆでる。
4. 3の水けをきり、冷めてから、冷凍用保存袋に入れて冷凍する。

30分　冷凍2〜3週間

おいしく調理！

材料（2人分）

- 冷凍イワシのつみれ……6個
- 大根……2cm
- にんじん……⅕本
- だし汁……カップ2
- みそ……大さじ2
- 豆腐……⅓丁
- 万能ねぎ（小口切り）……少量

229Kcal

作り方

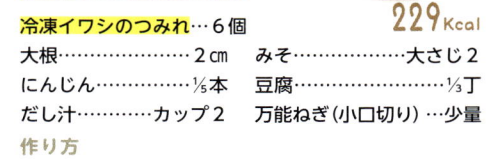

1. 大根は皮をむき、にんじんとともにいちょう切りにする。
2. 鍋にだし汁を沸騰させ、1を入れて煮る。凍ったままの「冷凍イワシのつみれ」を加え、解凍しながら温め、みそを溶き入れる。さいの目に切った豆腐を加え、万能ねぎを散らす。

豚キムチ炒め

あっという間に絶品炒めものの完成！白いご飯といっしょにどうぞ。

半調理！

材料（2人分）

- 豚ロース薄切り肉……100g
- 塩、こしょう……各少量
- キムチ……150g
- 玉ねぎ……½個
- ピーマン……1個

作り方

1. 豚ロース薄切り肉は3〜4cm幅に切り、塩、こしょうをふり、ラップで包む。キムチもラップで包む。
2. 玉ねぎは皮をむいて薄切り、ピーマンはヘタと種を取り、せん切りにしてそれぞれラップで包む。1とともに冷凍用保存袋に入れて冷凍する。

15分　冷凍3〜4週間

おいしく調理！

材料

- 冷凍豚キムチ炒め……2人分
- ごま油……小さじ2
- 塩、こしょう……各少量

194Kcal

作り方

1. フライパンにごま油を熱し、凍ったままの「冷凍豚キムチ炒め」の肉を加え、ほぐれてきたら、野菜を加える。さらにキムチを加え炒め合わせ、塩、こしょうで調味する。

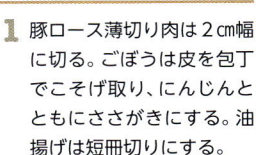

コラム② 冷凍の具を温めて作る！ 冷凍スープセット

1人分ずつセットしているから、小腹がすいたときや朝食にも便利！電子レンジでも調理可能！

豚汁セット

ご飯に欠かせない定番汁ものもあっという間にでき上がり！

半調理！

材料（6人分）
- 豚ロース薄切り肉…6枚
- ごぼう…15cm
- にんじん…1/4本
- 油揚げ…1/2枚

作り方
1. 豚ロース薄切り肉は2cm幅に切る。ごぼうは皮を包丁でこそげ取り、にんじんとともにささがきにする。油揚げは短冊切りにする。
2. 1を6等分にして1セットずつラップで包み、冷凍用保存袋に入れて冷凍する。

20分 / 冷凍2〜3週間

おいしく調理！

材料（1人分）
- 冷凍豚汁セット…1包み
- A[水…カップ1 / 和風だしの素…少量]
- みそ…大さじ1

47Kcal

作り方
1. 小鍋に「冷凍豚汁セット」を入れ、Aを注ぎ、沸騰したらアクを除く。具材がやわらかくなるまで煮て、みそを加えて調味する。▭または材料を大きめの耐熱容器に入れて、電子レンジで3〜4分加熱する。

きのこ汁セット

冷凍＋ミックスきのこで旨みの相乗効果を発揮！

半調理！

材料（6人分）
- しいたけ…2個
- しめじ…1/2パック
- かまぼこ…4cm
- なめこ…1パック

作り方
1. しいたけはいしづきを取り6つ割りにし、しめじはいしづきを取り小房に分ける。かまぼこは棒状に切る。
2. 1、なめこを6等分にして1セットずつラップで包み、冷凍用保存袋に入れて冷凍する。

20分 / 冷凍2〜3週間

おいしく調理！

材料（1人分）
- 冷凍きのこ汁セット…1包み
- A[水…カップ1 / 和風だしの素…少量]
- しょうゆ…小さじ1/3
- 塩…少量

43Kcal

作り方
1. 小鍋に「冷凍きのこ汁セット」を入れ、Aを注いでひと煮し、しょうゆ、塩を加えて調味する。▭または材料を大きめの耐熱容器に入れて、電子レンジで2〜3分加熱する。

かぼちゃスープセット

かぼちゃとミルクで、ほっこり和む味わいに！

半調理！

材料（6人分）
- かぼちゃ…1/16個
- 玉ねぎ…1/4個
- ツナ缶…大1缶（175g）

作り方
1. かぼちゃは電子レンジで加熱し、皮を除いてつぶす。玉ねぎは皮をむいてみじん切りにする。
2. 1、ツナ缶を6等分にして1セットずつラップで包み、冷凍用保存袋に入れて冷凍する。

20分 / 冷凍2〜3週間

おいしく調理！

材料（1人分）
- 冷凍かぼちゃスープセット…1包み
- A[牛乳…カップ1 / 洋風スープの素…1/4個]
- 塩、こしょう…各少量

116Kcal

作り方
1. 小鍋に「冷凍かぼちゃスープセット」を入れ、Aを注ぐ。沸騰したらアクを除き、玉ねぎがしんなりするまで煮て、塩、こしょうで調味する。▭または材料を大きめの耐熱容器に入れて、電子レンジで2〜3分加熱する。

ミネストローネセット

プチトマトがプチッとはじける！心地よい酸味のスープ！

49 Kcal

半調理！

材料（6人分）
- 玉ねぎ……………1/4個
- ベーコン……………6枚
- にんじん……………1/4本
- プチトマト……………6個

作り方
1. 玉ねぎは皮をむき、ベーコン、にんじんとともに1cm角に切り、プチトマトはヘタを取る。
2. 1を6等分にして1セットずつラップで包み、冷凍用保存袋に入れて冷凍する。

⏱ 20分　冷凍 2〜3週間

おいしく調理！

材料（1人分）
- 冷凍ミネストローネセット…1包み
- A ［ 水……………カップ1
      洋風スープの素…1/4個 ］
- トマトケチャップ…大さじ1
- 塩、こしょう……各少量

作り方
1. 小鍋に「冷凍ミネストローネセット」を入れ、Aを注ぎ、沸騰したらアクを除き、トマトケチャップを加え、にんじんがやわらかくなるまで煮て、塩、こしょうで調味する。または材料を大きめの耐熱容器に入れて、電子レンジで3〜4分加熱する。

キャベツスープセット

カレー風味で食欲増進！野菜もたっぷり入っています。

18 Kcal

半調理！

材料（6人分）
- ちくわ……………1本
- 玉ねぎ……………1/4個
- セロリ……………1/4本
- キャベツ……………2枚

作り方
1. ちくわは輪切りにする。玉ねぎは皮をむいて、セロリとともに薄切りにする。キャベツは1cm角に切る。
2. 1を6等分にして1セットずつラップで包み、冷凍用保存袋に入れて冷凍する。

⏱ 20分　冷凍 2〜3週間

おいしく調理！

材料（1人分）
- 冷凍キャベツスープセット…1包み
- サラダ油……………小さじ1
- カレー粉……………小さじ1/2
- A ［ 水……………カップ1
      洋風スープの素…1/4個 ］
- 塩、こしょう……各少量

作り方
1. 小鍋にサラダ油を熱し、「冷凍キャベツスープセット」を入れさっと炒める。カレー粉をふってなじんだら、Aを注ぐ。玉ねぎがしんなりするまで煮て塩、こしょうで調味する。または材料を大きめの耐熱容器に入れて、電子レンジで2〜3分加熱する。

春雨スープセット

つるつるたっぷり食べられる、ヘルシーな中華スープ！

25 Kcal

半調理！

材料（6人分）
- 春雨……………30g
- ザーサイ……………40g
- 長ねぎ……………1/3本
- えのきたけ…1/2袋（50g）

作り方
1. 春雨はゆでる。ザーサイはせん切りにする。長ねぎは小口切りにする。えのきたけはいしづきを取り小房に分ける。
2. 1を6等分にして1セットずつラップで包み、冷凍用保存袋に入れて冷凍する。

⏱ 20分　冷凍 2〜3週間

おいしく調理！

材料（1人分）
- 冷凍春雨スープセット…1包み
- A ［ 水……………カップ1
      鶏ガラスープの素…少量
      しょうゆ……小さじ1/2 ］
- 塩、こしょう……各少量

作り方
1. 小鍋に「冷凍春雨スープセット」を入れ、Aを注ぎ、沸騰したら、塩、こしょうで調味する。または材料を大きめの耐熱容器に入れて、電子レンジで2〜3分加熱する。

ミニコラム 魚・肉の冷凍保存の仕方

使いきれなかったりたくさん買ったりしたときは、長期保存できる冷凍がおすすめ！半解凍の状態だと切りやすいです。

魚

切り身魚（鮭、タラ、ブリ、カジキ など） 冷凍2週間
1. 1切れずつラップで包み、冷凍用保存袋に入れる。 

解凍調理方法：電子レンジの解凍モードで半解凍or凍ったまま調理

イワシ、アジ 冷凍2週間
1. セイゴを取り、頭を落とし、内臓を取る。 
2. 三枚におろし、皮を取る。
3. 1尾分ずつラップで包み、冷凍用保存袋に入れる。

解凍調理方法：電子レンジの解凍モードで半解凍or凍ったまま調理

いか 冷凍2週間
1. ワタを除き（P.74）皮をむいて、胴は輪切り、足は2本ずつに分ける。 
2. 1杯分ずつラップで包み、冷凍用保存袋に入れる。

解凍調理方法：電子レンジの解凍モードで半解凍or凍ったまま調理

エビ 冷凍3週間
1. 頭、背ワタを取り、殻ごとゆでる。 
2. 殻と尾を取る。
3. 使いやすい量に分けて、それぞれラップで包み、冷凍用保存袋に入れる。

解凍調理方法：電子レンジの解凍モードで解凍or凍ったまま調理

肉

豚・牛薄切り肉 冷凍3〜4週間
1. 大きめにラップを敷き、冷凍用保存袋の大きさに合わせて、薄切り肉を2〜3枚広げる。 
2. 1枚ずつ使えるように、間にラップをはさみ、数段重ね、最後に大きなラップで包み、冷凍用保存袋に入れる。

解凍調理方法：凍ったまま調理

豚バラブロック 冷凍3〜4週間
1. 使いやすい大きさに切る。 
2. ラップで包み、冷凍用保存袋に入れる。

解凍調理方法：電子レンジの解凍モードで半解凍or凍ったまま調理

鶏肉（ムネ、モモ、ササミ） 冷凍3〜4週間
1. 4〜5cm大に切る。 
2. 使いやすい量に分けて、それぞれラップで包み、冷凍用保存袋に入れる。

解凍調理方法：電子レンジの解凍モードで解凍or凍ったまま調理

ひき肉 冷凍3〜4週間
1. 使いやすい量に分けて、それぞれラップで包み、冷凍用保存袋に入れる。 

解凍調理方法：電子レンジの解凍モードで解凍

Part 4

万能おかず＆ソース・ディップ

アレンジして使い回し！

いろいろな料理に
さっとアレンジできる
おかずと、
あると便利な
ソース・ディップを紹介！
作りおきしておけば、
料理の幅もぐぐっと広がります。

万能おかず

一品作っておけばひと手間加えるだけで、いろいろな料理に使えます。たくさん作ってもバラエティ豊かにアレンジできるので、飽きずに最後まで食べられます。安いときにたくさん買って作りおきすれば節約にも！

レンジ蒸し鶏

レンジであっという間！ ジューシーな蒸し鶏が完成！

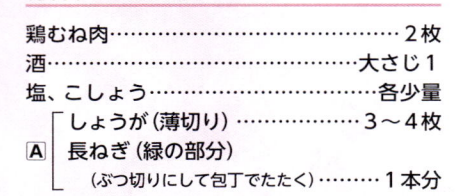

冷蔵 3〜4日　冷凍 3〜4週間

20分　175Kcal

材料（4〜5人分）
- 鶏むね肉……………………2枚
- 酒………………………大さじ1
- 塩、こしょう……………各少量
- A　しょうが（薄切り）………3〜4枚
　　長ねぎ（緑の部分）
　　（ぶつ切りにして包丁でたたく）……1本分

調理のポイント
しょうが、長ねぎはまんべんなく肉の上にのせ、ふんわりとラップをかけて電子レンジへ。

作り方

1. 鶏むね肉は耐熱皿にのせ、酒、塩、こしょうを順にふり、Aをのせ、ラップをかける。

2. 電子レンジで7〜8分加熱し、そのまま冷ます。

3. 冷めたら、適当な大きさに裂く（用途によってはそぎ切りにする）。皮はせん切りにする。

アレンジ バンバンジー

濃厚ピリ辛の自家製ダレをたっぷりつけていただきましょう！

15分　225Kcal

材料（2人分）
- レンジ蒸し鶏…½枚分
- きゅうり…………1本
- プチトマト………4個
- しょうが、にんにく
　　………各½かけ
- 長ねぎ…………5cm
- A　芝麻醤（チーマージャン）
　　（または練り白ごま）
　　…………大さじ3
　　酢………大さじ1½
　　甜麺醤（テンメンジャン）…小さじ2
　　豆板醤……小さじ1
　　しょうゆ…小さじ1
　　砂糖………小さじ2
　　塩、こしょう
　　………各少量
　　ごま………小さじ1

作り方

1. きゅうりは縦半分に切り、斜め薄切りにする。プチトマトはヘタを取り、半分に切る。

2. しょうが、にんにくは皮をむいて、長ねぎとともにみじん切りにし、ボウルに入れる。Aを加え、混ぜてごまダレを作る。

3. 「レンジ蒸し鶏」、1を皿に盛り、2をかける。

アレンジ 細巻き寿司

さっぱりとした、ひと口サイズの巻きずしです。

材料（2人分／巻き寿司4本）

レンジ蒸し鶏……½枚分	わさび……………少量
ご飯………………1合分	梅干し……………4個
すし酢…………大さじ2	青じそ……………8枚
焼きのり…………2枚	

作り方

1. 熱いご飯にすし酢を混ぜ、すし飯を作る。
2. 焼きのりは半分に切り、上にすし飯の¼量を広げる。
3. 2にわさび、種を除いてたたいた梅干しをぬる。さらに、青じそを敷いた上に「レンジ蒸し鶏」をのせ、芯にして巻く。同様にして3本作る。
4. 3を食べやすく切る。

⏱ 20分

アレンジ 蒸し鶏と水菜のサラダ

しっとりとした蒸し鶏とシャキシャキの水菜でボリュームたっぷり！

材料（2人分）

レンジ蒸し鶏…½枚分	［白ワインビネガー
水菜………1株(50g)	……………大さじ1
黒オリーブ………4個	A 塩…………小さじ¼
玉ねぎ……………⅛枚	こしょう………少量
	粒マスタード
	……………小さじ1
	オリーブ………大さじ2

作り方

1. 水菜はざく切りにする。黒オリーブは輪切りにする。玉ねぎはみじん切りにする。
2. Aをよく混ぜ、オリーブ油を加えて混ぜる。
3. 1と「レンジ蒸し鶏」を皿に盛りつけ、2をかける。

⏱ 10分

他にも ホットドッグに、ヤムウンセンに、卵とじに

Part 4 アレンジして使い回し！万能おかず＆ソース・ディップ

万能おかず

チキンハム

1日漬けて本格的な味に！ 家庭で大きなハムが手作りできます。

冷蔵 4〜5日 / 冷凍 3〜4週間

40分　100Kcal

漬け込み…1日
塩抜き…2時間

材料（4〜5人分）

- 鶏むね肉…………… 2枚（約500g）
- A
  - 砂糖………………… 大さじ2
  - 塩…………………… 大さじ1
  - こしょう…………… 小さじ½
  - ローリエ（ちぎったもの）…… 2枚

調理のポイント

太さが均一になるように、肉の厚い部分と薄い部分を組み合わせて成形します。ラップの端をギュッと結び、ハムの形を作りましょう。

作り方

1. Aは合わせておく。
2. 鶏むね肉をバットに入れ、1を均等にふり全体にまぶし、保存袋に入れ、冷蔵庫で1日おく。
3. 2を洗い、ボウルに水（分量外）を張って入れ、2時間おいて塩抜きをする。途中で水を変える（端を少し切ってゆで、味見をして塩の加減を確かめてみてもよい）。
4. 3の肉の厚みがあるほうと薄いほうを、互い違いになるように合わせてラップで包み、筒状に成形する。
5. 4を鍋に入れ、熱湯（分量外）を加えて火にかけ、沸騰したら30分ゆで、火を止めてそのまま冷ます。
6. 5のラップを取り、ペーパータオルで水けをふく。

アレンジ サンドイッチ

切り口も色鮮やかなハムサンドは、朝食やお弁当にも！

15分　336Kcal

材料（2人分）

- チキンハム……… ¼本（約100g）
- レタス…………… 2枚
- きゅうり………… 1本
- トマト…………… ½個
- サンドイッチ用パン…………… 4枚
- バター…………… 大さじ1
- マスタード……… 少量
- 塩、こしょう… 各少量

作り方

1. 「チキンハム」は薄切りにする。
2. レタスは芯を除き、手でちぎる。きゅうりは長さを半分に切り、縦に薄切りにする。トマトはヘタを取り、輪切りにして種を除く。
3. サンドイッチ用パンの片面にバター、マスタードをぬり、塩、こしょうをふる。1、2をはさみ、ラップに包んでしばらくおいてなじませる。食べやすい大きさに切る。

アレンジ パスタサラダ

ショートパスタを使って作る、マヨネーズベースのサラダです。

15分 / 441Kcal

材料（2人分）

- **チキンハム**……… ¼本
- にんじん……… ¼本
- ブロッコリー… 4～5房
- パスタ（ファルファローニ）……… 100g

A
- マヨネーズ……… 大さじ3
- 塩、こしょう……… 各少量

作り方

1. 「チキンハム」はいちょう切りにする。にんじんもいちょう切りにしてやわらかくなるまでゆでる。ブロッコリーは小房に分けて塩ゆでし、さらに小さく刻む。
2. パスタは袋の表示時間を目安にゆでる。
3. 1、2をボウルに入れ、Aを加えてあえる。

アレンジ 冷やし中華

大きめのハムをドンッとのせて！

15分 / 662Kcal

材料（2人分）

- **チキンハム**……… ¼本
- きゅうり……… ½本
- ゆで卵……… 2個
- 貝割菜……… ½パック
- ぬるま湯……… カップ½
- 鶏がらスープの素……… 小さじ1

A
- しょうゆ… 大さじ4
- 酢……… 大さじ3
- 砂糖……… 大さじ2
- 塩、こしょう… 各少量
- ごま油… 大さじ1

- 中華生麺……… 2玉
- ゆかり……… 少量

作り方

1. 「チキンハム」は薄切りにする。きゅうりはせん切りにする。ゆで卵は輪切りにする。貝割菜は根を除き、半分の長さに切る。
2. ボウルにぬるま湯を入れ、鶏がらスープの素を溶かし、Aを加えて混ぜ、冷蔵庫で冷やしておく。
3. 中華生麺を袋の表示時間を目安にゆでる。冷水にとって冷やし、ざるにあげて水けをきり、皿に盛りつける。
4. 3に1をのせ2をかけ、ハムにゆかりをふる。

他にも ソテーしてハムステーキに、パン粉をつけてハムカツに、きゅうりの酢のものに

Part 4 アレンジして使い回し！万能おかず＆ソース・ディップ

万能おかず

塩豚

塩漬けされた豚肉は旨みが凝縮！ そのまま焼いて食べても絶品です。

冷蔵 4〜5日 / 冷凍 3〜4週間

45分　173Kcal

漬け込み…3〜7日

材料（4〜5人分）

- 豚肩ロースブロック肉……400g
- 塩……12g（小さじ2強、肉の重さの3%）

調理のポイント
ラップで包んで保存袋に入れ、冷蔵庫へ。2日目になると脱水してラップが肉汁で汚れてくるので、取りかえてください。その後も肉汁が出てラップが汚れたら取りかえましょう。

作り方

1. 豚肩ロースブロック肉に塩をすり込む。
2. 1を、ラップでぴったり包み、保存袋に入れ、冷蔵庫のチルドルームで3日〜1週間おく（3日目から調理可能）。
3. 2はかたまりのまま、30〜40分ゆでて冷ます。

[アレンジ] 塩豚と赤いんげん豆の煮もの

お豆が塩豚の味を含んで、ほっこりといただける一皿！

25分　353Kcal

材料（2人分）

- 塩豚……200g
- 玉ねぎ……1個
- にんにく……2かけ
- A［
  - 水……カップ1½
  - 洋風スープの素……¼個
  - ローリエ……1枚
  - タイム……1枚
  ］
- 赤いんげん豆水煮缶…1缶（120g）

作り方

1. 「塩豚」は2cm角に切る。玉ねぎは皮をむいて1cm角に切る。にんにくは皮をむいて薄切りにする。
2. 鍋にAを入れ、1、赤いんげん豆水煮缶を加えて火にかけ、約20分煮る。

アレンジ キャベツと塩豚のスープ

塩豚の濃厚な旨みが、スープにしっかり溶け出します。

材料（2人分）

- 塩豚……100g
- キャベツ……1枚
- 玉ねぎ……¼個
- オリーブ油……大さじ1

A
- 水……カップ2
- 洋風スープの素……½個
- トマトケチャップ……大さじ2
- ローリエ……1枚

- 塩、こしょう……各少量
- 卵……1個

作り方

1. 「塩豚」は、5mm厚さの3〜4cm角大に切る。キャベツは3cm大のざく切りにする。玉ねぎは皮をむいて薄切りにする。
2. 鍋にオリーブ油を熱し、1の塩豚を焼きつけ、さらにキャベツ、玉ねぎを入れて炒め合わせる。Aを加えてひと煮し、塩、こしょうで調味し、溶きほぐした卵を回し入れてさっと煮る。

15分　270Kcal

アレンジ カリカリ塩豚のせ冷ややっこ

カリカリに焼いた塩豚とごま油の風味が食欲をそそる！

材料（2人分）

- 塩豚……40g
- ごま油……大さじ1
- 豆腐……1丁
- 万能ねぎ（小口切り）……2〜3本
- からし……少量

作り方

1. 「塩豚」は5mm角の3〜4cm長さの棒状に切る。
2. フライパンにごま油を熱し、1を入れカリカリに焼く。
3. 豆腐を皿に盛り、万能ねぎ、2、からしを添える。

15分　243Kcal

他にも チャーハンに、ペペロンチーノに、天ぷらに

Part 4　アレンジして使い回し！万能おかず＆ソース・ディップ

万能おかず

甘辛鶏そぼろ
しょうゆベースの味なので、さまざまな料理に合わせやすい！

冷蔵 3〜4日 / 冷凍 3〜4週間

材料（4〜5人分）
- 鶏ひき肉……400g
- しょうが……1かけ
- 長ねぎ……1本
- サラダ油……大さじ1
- A
  - しょうゆ……大さじ3
  - みりん……大さじ3
  - 砂糖……大さじ1½

作り方
1. しょうがは皮をむいて、長ねぎとともにみじん切りにする。
2. フライパンにサラダ油を熱し、1を入れて炒める。しんなりしたら、鶏ひき肉を加えて肉がぱらぱらになるまで炒め合わせる。
3. 2にAを加えて調味する。

20分 / 138Kcal

アレンジ ちらし寿司
ぱらぱらとした肉はご飯とよく混ざります。見た目もきれいなちらし寿司！

材料（2人分）
- 甘辛鶏そぼろ……72g
- ご飯……2合分
- すし酢……大さじ4
- きゅうり……1本
- にんじん……⅓本
- 卵……2個
- 塩、こしょう……各少量
- サラダ油……小さじ1

作り方
1. 炊きたての熱いご飯に、すし酢を入れて混ぜ、すし飯を作る。
2. きゅうりは輪切りにする。にんじんはせん切りにし、ゆでる。
3. 卵は溶きほぐして塩、こしょうをふる。フライパンにサラダ油を熱し、溶き卵を流し入れ、手早く混ぜて炒め、いり卵を作る。
4. 1に「甘辛鶏そぼろ」、2を混ぜて皿に盛りつけ、3をのせる。

15分 / 567Kcal

アレンジ チーズ入り揚げ餃子

そぼろとチーズがよいバランス！ カリッと揚がった餃子は何個でも食べられそう。

材料（2人分）

- 甘辛鶏そぼろ……………………110g
- ナチュラルチーズ（小）…………12個
- 餃子の皮……………………………12枚
- サラダ油……………………………適量

作り方

1. ナチュラルチーズは半分に切る。
2. 餃子の皮に、「甘辛鶏そぼろ」、**1**をのせ、皮のふちに水をつけ、ひだを寄せながら包む。
3. フライパンに多めのサラダ油を熱し**2**、をこんがりと揚げ焼きにする。

20分　318Kcal

アレンジ 焼きうどん

甘辛味のそぼろがよくからむよう、細麺を使うのがポイントです。

材料（2人分）

- 甘辛鶏そぼろ……………………110g
- 玉ねぎ………………………………¼個
- キャベツ……………………… 2〜3枚
- サラダ油………………………小さじ2
- ゆでうどん（細麺）…………………2玉
- A［ウスターソース……………大さじ1
　　塩、こしょう………………各少量］
- 青のり、紅生姜……………………各少量

作り方

1. 玉ねぎは皮をむいて薄切りにする。キャベツはざく切りにする。
2. フライパンにサラダ油を熱し、**1**を炒め、「甘辛鶏そぼろ」、ゆでうどんを加えて炒め合わせる。Aを加えて調味し、皿に盛りつけ、青のりをふり、紅生姜をのせる。

10分　598Kcal

他にも スクランブルエッグに、雑炊に、里芋のそぼろ煮に

Part 4 アレンジして使い回し！ 万能おかず＆ソース・ディップ

万能おかず

みそ豚そぼろ

豚肉とみそは好相性の組み合わせ！しっとりと仕上がります。

冷蔵 3〜4日 / 冷凍 3〜4週間

材料（4〜5人分）

- 豚ひき肉……400g
- 玉ねぎ……½個
- しょうが……1かけ
- ごま油……大さじ1
- Ⓐ
  - みそ……大さじ3
  - 酒……大さじ1
  - 砂糖……大さじ2½
  - 塩、こしょう……各少量

作り方

1. 玉ねぎ、しょうがは皮をむいてみじん切りにする。
2. フライパンにごま油を熱し、1のしょうがを炒め、香りがたったら、玉ねぎを加えて炒める。玉ねぎがしんなりしたら、豚ひき肉を加えて肉がぱらぱらになるまで炒め合わせる。
3. 2にⒶを加えて調味する。

20分 / 223Kcal

アレンジ 肉みそコロッケ

そぼろの味がじゃがいもにもなじんで、ソースいらずのおいしさです。

材料（2人分）

- みそ豚そぼろ……100g
- じゃがいも……3個
- Ⓐ
  - 小麦粉……大さじ2〜3
  - 溶き卵……1個
  - パン粉……カップ2
- サラダ油……適量
- リーフレタス……適量

作り方

1. じゃがいもはラップに包み、電子レンジで6分加熱し、熱いうちに皮をむいてマッシャーでつぶす。
2. 1に「みそ豚そぼろ」を混ぜ、6等分にしてⒶの衣を小麦粉、溶き卵、パン粉の順にまぶす。
3. フライパンに多めのサラダ油を熱し、2を揚げ焼きにする。
4. 皿に盛りつけ、リーフレタスを添える。

20分 / 521Kcal

アレンジ ジャージャー麺

たっぷりの具を麺によくからめていただきましょう！

材料（2人分）

- みそ豚そぼろ……………………140g
- きゅうり………………………………1本
- サラダ油……………………………小さじ2
- 卵……………………………………2個
- 中華生麺……………………………2玉
- 黒ごま………………………………少量

作り方

1. きゅうりはせん切りにする。フライパンにサラダ油を熱し、卵を割り入れ、半熟の目玉焼きにする。
2. 中華生麺は袋の表示時間を目安にゆでて、冷水で冷やしてざるにあげ、水けをよくきって皿に盛りつける。
3. 2に「みそ豚そぼろ」、1を盛りつけ、黒ごまをふる。

15分 / 683Kcal

アレンジ レタスのそぼろのっけご飯（菜包み）

シャキシャキのレタスにそぼろとご飯をのせて！

材料（2人分）

- みそ豚そぼろ……………………100g
- レタス………………………………3〜4枚
- 梅干し………………………………3〜4個
- 青じそ………………………………3枚
- ご飯…………………………………1合分

作り方

1. レタスは丁寧にはがし、小さければそのまま、大きければ半分に切る。
2. 梅干しは種を除いてちぎる。青じそは粗みじん切りにする。
3. 1に、ご飯を盛りつけ、「みそ豚そぼろ」をのせ、2を飾る。

10分 / 531Kcal

他にも……お好み焼きに、納豆に、ふろふき大根に

Part 4 アレンジして使い回し！万能おかず＆ソース・ディップ

万能おかず

ミートソース

トマトでじっくり煮込んだミートソースは、パスタにもご飯にもよく合います！

冷蔵 3〜4日 / 冷凍 3〜4週間

材料（4〜5人分）

- 合いびき肉 …… 400g
- 玉ねぎ …… 1個
- にんにく …… 1かけ
- オリーブ油 …… 大さじ1
- A
  - トマト缶 …… 2缶（800g）
  - 洋風スープの素（くだく） …… 1個
  - ローリエ …… 1枚
- 塩、こしょう …… 各少量

作り方

1. 玉ねぎ、にんにくは皮をむいてみじん切りにする。
2. フライパンにオリーブ油を熱し、1のにんにくを炒め、香りがたったら、玉ねぎを加えて炒める。しんなりしたら、合いびき肉を加え肉がパラパラになるまで炒め合わせる。
3. 2にAを加えて煮詰め、塩、こしょうで調味する。

30分 / 251Kcal

アレンジ ペンネミートソース

ペンネをゆでたら、ミートソースを混ぜるだけででき上がり！

材料（2人分）

- ミートソース …… 210g
- ペンネ …… 160g
- 粉チーズ …… 少量

作り方

1. ペンネはたっぷりの熱湯に塩（分量外）を加え、袋の表示時間を目安にゆでる。
2. 1に電子レンジで温めた「ミートソース」を加えて混ぜ、皿に盛り、粉チーズをふる。

15分 / 567Kcal

アレンジ タコライス

具材とご飯をよく混ぜていただきます。

材料（2人分）

ミートソース	210g
ペッパーソース	少量
レタス	2枚
トマト	1個
ご飯	2皿分
ピザ用チーズ	40g
イタリアンパセリ	（あれば）少量

作り方

1. 「ミートソース」は電子レンジで温め、ペッパーソースを加えて混ぜる。
2. レタスはせん切りにする。トマトはヘタと種を取り、角切りにする。
3. 皿にご飯を盛り、1、2、ピザ用チーズをのせ、あればイタリアンパセリを飾る。

10分　764 Kcal

アレンジ オムレツ

ふわっとした卵でくるまれたミートソースは、さらにまろやかに！

材料（2人分）

ミートソース	210g
卵	4個
塩、こしょう	各少量
バター	大さじ1
ラディッシュ	2個
パセリ	少量

作り方

1. 卵はボウルに入れて2個ずつ溶きほぐし、塩、こしょうをふる。
2. フライパンにバターの半量を溶かし、1を2個分ずつ流し入れ手早く混ぜる。平たい丸に形を整え、電子レンジで温めた「ミートソース」の半量をのせ、半分に折る。同様にもう1枚作る。
3. 2を皿に盛り、半割にしたラディッシュとパセリを横に添える。

10分　358 Kcal

他にも　ラザニアに、サラダ（レタスやきゅうり）のドレッシングとして、ベイクドポテトにかけて

Part 4　アレンジして使い回し！万能おかず＆ソース・ディップ

万能おかず

鮭フレーク

鮭を電子レンジでチンするだけ！好みの大きさにほぐしましょう。

冷蔵 4〜5日 / 冷凍 3〜4週間

15分 / 83 Kcal

材料（4〜5人分）
- 甘塩鮭……………3切れ

作り方
1. 甘塩鮭は耐熱皿に並べ、ラップをして電子レンジで7〜8分加熱する。
2. 皮を除き、細かくほぐす。

保存ポイント：手ではなく、箸を使ってほぐすと、より衛生的です。

アレンジ　そうめんチャンプル

ヘルシーだけど具だくさんで、おなかも大満足！

15分 / 342 Kcal

材料（2人分）
- 鮭フレーク……………大さじ4
- 玉ねぎ……………1/4個
- 小松菜……………2株
- 卵……………2個
- 塩、こしょう……各少量
- そうめん……………200g
- サラダ油……大さじ1
- ごま油………小さじ2
- A：
  - 和風だしの素………小さじ1/2
  - 塩、こしょう……各少量

作り方
1. 玉ねぎは皮をむいて1cm厚さのくし形に切りにする。小松菜は3〜4cm長さのざく切りにする。
2. 卵は溶きほぐし、塩、こしょうをふる。
3. そうめんはゆでる。
4. フライパンにサラダ油を熱し、2を流し入れ、手早く混ぜて一度取り出す。
5. 4のフライパンにごま油を足し、1を炒め、3、「鮭フレーク」を加えて炒め合わせる。
6. 5に4を戻し入れ、Aを加えて調味する。

アレンジ クリームチーズディップ

鮭の塩気とチーズの相性抜群！ パンにのせおつまみにも。

10分 / 194Kcal

材料（2人分）
鮭フレーク……………大さじ3
クリームチーズ…………100g
A [レモン汁…………小さじ1
    塩、こしょう………各少量]
ライ麦パン………………適量
レモン……………………適量

作り方
1. クリームチーズは室温にもどし、ボウルに入れて「鮭フレーク」を加え、Aを加えて調味する。
2. ライ麦パンに1を適量ぬり、いちょう切りにしたレモンを飾る。

アレンジ おにぎり

鮭フレークがたっぷり入って、朝ご飯やお弁当に最適です。

10分 / 440Kcal

材料（2人分／4個分）
鮭フレーク……………大さじ4
ご飯………………茶碗4杯分
白ごま……………………小さじ2
焼きのり……………………4枚

作り方
1. 熱いご飯に「鮭フレーク」、白ごまを混ぜる。
2. 4等分して三角ににぎり、焼きのりを巻く。

他にも・・・・・・ 卵焼きに、お茶漬けに、クリームコロッケに

Part 4 アレンジして使い回し！ 万能おかず＆ソース・ディップ

143

万能おかず

大根葉じゃこ炒め

捨ててしまいがちな大根の葉も、ムダなく作りおきおかずに！

冷蔵 3～4日 / 冷凍 2～3週間

材料（4～5人分）

- 大根葉……1本分
- にんにく……1かけ
- ごま油……大さじ2
- ちりめんじゃこ……50g
- 赤とうがらし（輪切り）……1本分
- A［しょうゆ……小さじ1
　　塩、こしょう……各少量］

作り方

1. 大根葉は色よく塩ゆでし、1cm長さに切る。
2. にんにくは皮をむいてみじん切りにする。
3. フライパンにごま油を熱し、ちりめんじゃこを入れてこんがりするまで炒める。2、赤とうがらしを加えて炒める。さらに1を加え炒め合わせ、Aを加えて調味する。

15分 / 44 Kcal

アレンジ チャーハン

大根葉じゃこ炒めとご飯を合わせるだけの簡単絶品メニュー！

材料（2人分）

- 大根葉じゃこ炒め……70g
- ごま油……大さじ1
- ご飯……茶碗2杯分
- 塩、こしょう……各少量

作り方

1. フライパンにごま油を熱し、「大根葉じゃこ炒め」、ご飯を入れて炒め合わせ、塩、こしょうで調味する。

10分 / 457 Kcal

卵焼き
見た目も歯ごたえも楽しい、卵焼きの完成！

材料（2人分）
大根葉じゃこ炒め……………………大さじ4
卵………………………………………3個
塩、こしょう…………………………各少量
サラダ油………………………………少量

作り方
1. ボウルに卵を割り入れて溶きほぐす。「大根葉じゃこ炒め」を加えて混ぜ、塩、こしょうをふる。
2. 卵焼き器にサラダ油を薄くひき、**1**を3回に分けて流し入れ、巻きながら焼く。
3. **2**が冷めてから食べやすく切り分ける。

10分　187Kcal

マヨトースト
マヨネーズもこんがり焼けた、香ばしいおかずパン！

材料（2人分）
大根葉じゃこ炒め……………………大さじ4
マヨネーズ……………………………大さじ2
食パン…………………………………2枚
マヨネーズ……………………………適量

作り方
1. ボウルに「大根葉じゃこ炒め」とマヨネーズ大さじ2を入れて混ぜる。
2. 食パンに**1**をぬり、さらにマヨネーズを格子にしぼり、オーブントースターでこんがり焼く。

10分　301Kcal

他にも　冷ややっこの上に、おにぎりに、トマトサラダのドレッシングとして

Part 4　アレンジして使い回し！万能おかず＆ソース・ディップ

万能おかず

きのこのガーリック炒め

にんにくととうがらしがアクセント！好みのきのこをミックスしてたっぷり作りおき！

冷蔵 3〜4日　冷凍 2〜3週間

材料（4〜5人分）

- しいたけ……………… 1パック（100g）
- しめじ………………… 1パック（100g）
- えのきたけ…………… 1袋（180g）
- にんにく……………… 2かけ
- オリーブ油…………… 大さじ2
- 赤とうがらし（輪切り）……… 1本分
- 塩、こしょう………… 各少量

作り方

1. きのこ類はいしづきを取り、しいたけは4つ割り、しめじ、えのきたけは小房に分ける。
2. にんにくは皮をむいてみじん切りにする。
3. フライパンにオリーブ油を熱し、**2**、赤とうがらしを炒める。さらに**1**を加えて炒め、塩、こしょうで調味する。

15分　65Kcal

アレンジ きのこグラタン

チーズがとろけるグラタン！きのこに味がついているので、味つけはバッチリです。

材料（2人分）

- きのこのガーリック炒め………… 175g
- 好みのショートパスタ…………… 60g
- ホワイトソース缶………………… 1缶（290g）
- ピザ用チーズ……………………… 60g
- パン粉、バター…………………… 各少量

作り方

1. ショートパスタは袋の表示時間を目安にゆでる。
2. 鍋にホワイトソース缶を入れて温め、「きのこのガーリック炒め」、**1**を加えて混ぜ、耐熱皿に移す。
3. **2**にピザ用チーズをのせ、パン粉、バターを散らし、オーブントースターでこんがり焼く。

20分　670Kcal

調理のポイント　ホワイトソースはP.151を参照して手作りするのもおすすめです。

アレンジ きのこのスープ

きのこのだしがたっぷり溶け出します。オクラの食感がアクセント！

材料（2人分）

きのこのガーリック炒め……………………175g
オクラ………………………………………6本
A ┌ 水……………………………………カップ2
　└ 洋風スープの素（固形）……………1個
塩、こしょう………………………………各少量

作り方

1. オクラはヘタを取り、1cm厚さの輪切りにする。
2. 鍋にAを沸騰させ、1、「きのこのガーリック炒め」を加えてひと煮し、塩、こしょうで調味する。

10分　77Kcal

アレンジ きのこスパゲティー

きのこの風味豊かな、和風のスパゲティーです。

材料（2人分）

きのこのガーリック炒め
　……………175g
ベーコン…………4枚
スパゲティー……200g
オリーブ油……大さじ1

A ┌ しょうゆ
　│ …小さじ1
　│ 塩、こしょう
　└ ……各少量
パセリ………少量

作り方

1. ベーコンは1cm幅に切る。
2. スパゲティーは袋の表示時間を目安にゆでる。
3. フライパンにオリーブ油を熱し、1を炒める。さらに「きのこのガーリック炒め」、2を順に加え炒め合わせ、Aを加えて調味する。
4. 皿に盛りつけ、粗刻みにしたパセリを散らす。

15分　824Kcal

他にも　スペインオムレツに、茶碗蒸しに、うどんに

Part 4

アレンジして使い回し！万能おかず&ソース・ディップ

万能おかず

ラタトゥイユ
野菜がたっぷり入った、素材の味を生かしたラタトゥイユ！

冷蔵 3〜4日 / 冷凍 2〜3週間

材料（4〜5人分）
- 玉ねぎ……1個
- にんにく……2かけ
- ピーマン……3個
- ズッキーニ……1本
- なす……3本
- トマト……5個
- オリーブ油……大さじ3
- タイム……少量
- A：トマトペースト……大さじ1
- A：塩、こしょう……各少量

作り方
1. 玉ねぎは皮をむいて1cm厚さのくし形に切りにする。にんにくは皮をむいて薄切りにする。ピーマンはヘタと種を取り、ズッキーニ、なすもヘタを取り、1cm厚さの輪切りにする。
2. トマトはヘタを取り、横半分に切って種を除き、ざく切りにする。
3. フライパンにオリーブ油を熱し、1を順に入れて炒める。2、タイムを加えて、ふたをし、10分蒸し煮にする。仕上げにふたを取り水分をとばすように炒め、Aを加えて調味する。

25分　137Kcal

アレンジ　ピザトースト
具がたっぷりでおなかも大満足！

材料（2人分）
- ラタトゥイユ……184g
- 食パン……2枚
- ハム……4枚
- ピザ用チーズ……60g

作り方
1. 食パン1枚にハム2枚をずらしてのせ、さらに「ラタトゥイユ」をのせる。
2. ピザ用チーズをのせ、オーブントースターでチーズがこんがり焦げるまで焼く。

10分　487Kcal

ラタトゥイユ雑炊

野菜の旨みがしみ出した、トマト風味の洋風雑炊です。

材料（2人分）

- ラタトゥイユ……………………184g
- えのきたけ……………………¼袋（50g）
- たけのこ（水煮）………………小1本（60g）
- 水………………………………カップ3
- ご飯……………………………茶碗2杯分
- 塩、こしょう…………………各少量

作り方

1. えのきたけはいしづきを取り2cm長さに切る。たけのこはくし形切りにする。
2. 鍋に水、「ラタトゥイユ」を入れて火にかけ、沸騰したら、1、ご飯を加えて煮る。
3. 塩、こしょうをふって調味する。

15分 488Kcal

ラタトゥイユ コーン春巻

ラタトゥイユとコーンを合わせて揚げた、パリパリの春巻！

材料（2人分）

- ラタトゥイユ……………………370g
- コーン缶………………………大さじ3
- 春巻の皮………………………8枚
- 水溶き小麦粉…………水大さじ1＋小麦粉大さじ2
- サラダ油………………………適量

作り方

1. 「ラタトゥイユ」にコーン缶を加えて混ぜ、8等分にする。
2. 春巻の皮を広げ、1をのせて包み、巻き終わりを水溶き小麦粉でとめる。
3. フライパンに多めのサラダ油を熱し、2をこんがりと揚げ焼きにする。

20分 500Kcal

他にも パスタに、ハンバーグのソースに、ゆで卵といっしょに煮ても

Part 4 アレンジして使い回し！万能おかず＆ソース・ディップ

万能ソース・ディップ

ソースやディップのストックがあれば、あとは少しの材料を合わせるだけですぐに料理が完成！
麺やご飯にのせてもよし、おかずに合わせてもよし。
冷蔵庫に常備してあれば、毎日の食卓のバリエーションが広がります。

トマトソース

冷蔵 3～4日　冷凍 2～3週間

ハーブや薬味を使った、本格トマトソース。

材料（約カップ3杯分）

玉ねぎ……………………½個
にんにく……………………1かけ
セロリ……………………50g
オリーブ油………………大さじ1

A：
- トマト缶……………1缶（400g）
- 洋風スープの素……1個
- ローリエ……………1枚
- タイム………………1枝

塩、こしょう………各少量

作り方

1. 玉ねぎ、にんにくは皮をむいて、セロリとともにみじん切りにする。

2. フライパンにオリーブ油を熱し、1を炒める。全体に火が通ったらAを加えて煮詰め、塩、こしょうで調味する。

20分

こんな料理に パスタ、ラザニア、肉と野菜の煮込み、ピザ、カツレツのソース など

バジルソース

冷蔵 3～4日　冷凍 2～3週間

フレッシュな香りが魅力的！

材料（約カップ3杯分）

バジル……………………45g
にんにく……………………1かけ
松の実……………………50g
塩…………………………小さじ1
こしょう…………………少量
オリーブ油………………カップ1

作り方

1. すべての材料をミキサーに入れ、かくはんする。

15分

こんな料理に 鶏肉のバジルソース焼き（P.89）、パスタ、カルパッチョやサラダのドレッシングとして など

ホワイトソース

舌触りもなめらか！

冷蔵 2~3日 / 冷凍 2~3週間

材料（約カップ2杯分）
- バター………大さじ4
- 小麦粉………大さじ4
- 牛乳…………カップ2
- 塩、こしょう………各少量

作り方
1. 鍋にバターを溶かし、小麦粉をふり入れて炒め、牛乳を加える。
2. 木べらで混ぜながら加熱し、とろみがついたら、塩、こしょうで調味する。

⏱ 15分

こんな料理に グラタン、パスタ、クリームコロッケ、鮭のクリーム煮 など

甘みそソース

ほんのりとするにんにくの香りがポイント！

冷蔵 4~5日 / 冷凍 2~3週間

材料（約カップ1杯分）
- みそ…………カップ½
- 酒……………カップ½
- 砂糖…………カップ½
- にんにくのすりおろし………1かけ分

作り方
1. 鍋にすべての材料を入れて火にかける。木べらで混ぜながら、ほどよい固さになるまで煮詰める。

⏱ 15分

こんな料理に 豆腐田楽、みそおでん、とんかつのソース など

甘辛しょうゆソース

子どもも好きな甘辛味！

冷蔵 4~5日 / 冷凍 2~3週間

材料（約カップ1杯分）
- しょうゆ………カップ½
- みりん…………カップ½
- 砂糖……………カップ¼
- しょうが（薄切り）………1かけ分

作り方
1. 鍋にすべての材料を入れて火にかけ、ひと煮たちさせる。

⏱ 15分

こんな料理に 肉じゃが、丼つゆ、照り焼きのソース など

Part 4 アレンジして使い回し！ 万能おかず&ソース・ディップ

バーニャカウダディップ

野菜にたっぷりつけて食べたい！

冷蔵 3〜4日　冷凍 2〜3週間

材料（約カップ⅓杯分）

にんにく……1½個（60g）
牛乳……………カップ½
アンチョビ…………3枚
オリーブ油………カップ½
生クリーム………大さじ3
塩…………小さじ⅓〜½
粗びき黒こしょう……少量

作り方

1 にんにくは皮をむき、縦半分に切り、芯を除く。

2 小鍋に牛乳、**1**を入れて火にかけ、にんにくがやわらかくなるまで約10分煮る。

3 **2**のにんにくを取り出し、熱いうちに包丁の腹でつぶしてたたき、ペースト状にする。

4 アンチョビはみじん切りにする。

5 フライパンにオリーブ油、**4**を入れ、少し火にかける。水分が蒸発し細かい泡が立たなくなったら、**3**を加え、よく混ぜながら加熱する。

6 火からおろし、生クリームを少しずつ、混ぜ合わせながら加え乳化させる。塩、粗びき黒こしょうで調味する。

⏱ 20分

こんな料理に いろいろな野菜につけていただく（アスパラ、じゃがいも、ブロッコリー、パプリカ、マッシュルーム、にんじん など）

中華風練りごまディップ

こっくりとした濃厚なごまがきいています。

冷蔵 3〜4日　冷凍 2〜3週間

材料（約カップ⅓杯分）

しょうが……………………………………1かけ

A
├ 芝麻醤（チーマージャン）………………大さじ3
├ しょうゆ…………………………………大さじ2
├ 酒…………………………………………大さじ1
├ 酢…………………………………………大さじ1
├ 砂糖………………………………………大さじ1
├ 塩、こしょう……………………………各少量
└ ごま油……………………………………小さじ1

作り方

1 しょうがは皮をむいてみじん切りにし、ボウルに入れて **A** と混ぜる。

⏱ 15分

こんな料理に 揚げなすにかけて、冷やし中華ソース、里芋を煮るときの調味料として など

梅じゃがディップ

ヨーグルトと梅干しの心地よい酸味！

冷蔵 3〜4日 / 冷凍 2〜3週間

材料（約カップ1杯分）

- じゃがいも…1個（120g）
- 梅干し……2個
- A
  - ヨーグルト…カップ½
  - 塩、こしょう……各少量

作り方

1. じゃがいもは電子レンジで加熱し、熱いうちに皮をむき、ボウルに入れ、マッシャーなどでつぶす。
2. 梅干しは種を除き、包丁でたたく。
3. 1に2、Aを加えて混ぜる。

こんな料理に トーストやクラッカーにのせて、セロリにつけて など

15分

かぼちゃバターディップ

バターの香りとコクをプラス！

冷蔵 3〜4日 / 冷凍 2〜3週間

材料（約カップ1杯分）

- かぼちゃ……⅛個（200g）
- A
  - 砂糖………大さじ2
  - バター……大さじ4
  - 生クリーム…大さじ2
  - 塩……………少量

作り方

1. かぼちゃは電子レンジで加熱し、熱いうちに皮をむき、ボウルに入れてマッシャーなどでつぶす。
2. 1にAを加えて混ぜる。

こんな料理に フランスパン、ポテトチップス、ゆでたカリフラワーにつけて など

15分

らっきょうマヨディップ

らっきょうの歯ごたえが楽しい！

冷蔵 3〜4日 / 冷凍 2〜3週間

材料（約カップ½杯分）

- らっきょう……10粒
- パセリ……1枝
- A
  - マヨネーズ…カップ⅓
  - 塩、こしょう…各少量

作り方

1. らっきょう、パセリはみじん切りにする。
2. 1にAを加えて混ぜる。

こんな料理に エビフライ、ゆでたアスパラガスにつけて、ハンバーガーの味つけに など

15分

Part 4 アレンジして使い回し！ 万能おかず＆ソース・ディップ

作りおきおかずの基本 Q&A

作りおきおかずに関する気になる疑問を解決してスッキリ！
これで安心して作りおきおかずを調理！

Q1 保存しても味が落ちないか心配です。

A 作りおきおかずの基本(P.10)のポイントを守って作れば、おいしさを保つことができます。漬け汁に漬ける焼きびたしやマリネなどは、保存しておくと味がしみていき、なじんでもっとおいしくなります。揚げものもオーブントースターで温めると揚げたてのようなおいしさに。

マリネ
焼きびたし
揚げもの

Q2 お弁当にそのまま入れてもOK？

A 火を通して調理したものは、電子レンジで加熱してから入れましょう。その際、おかずとご飯が冷めてから、お弁当箱のふたを閉めることを忘れずに！ あらかじめ耐熱のお弁当用カップに入れて保存しておけば、時間のない朝にもさっと取り出せて加熱できます。

耐熱のお弁当用カップ

Q3 ふたつきの保存容器や保存袋がないのですが、お皿に入れて冷蔵庫で保存したり、ラップをしてそのまま冷凍庫で保存したりしてもよいですか？

A 空気に触れると乾燥や酸化の原因になり、いたみやすくなってしまうので、おすすめできません。空気になるべく触れないように密閉して保存することが大切です。

Q4
作ったあとに、つい常温で長い時間おいてしまったのですが、保存期間は同じですか？

A レシピに示してあるアイコンの保存期間は、保存するときのポイント（P.10）「冷めたらすぐに冷蔵（凍）庫へ」を守ったときものです。常温で置いておくと、雑菌が増殖しやすくなります。冷蔵（凍）庫から出したら食べる分だけ取り分けて、残った分は、すぐに冷蔵（凍）庫に戻すのを忘れずに！特に気温や湿度の高い日は、いたみやすくなるので要注意です。

冷蔵 3〜4日
冷凍 2〜3週間
保存期間は目安です！

Q5
レシピの保存期間を過ぎてしまいました！まだ食べられますか？

A レシピに記載している冷蔵・冷凍のアイコンは、あくまで目安です。冷蔵庫や冷凍庫の環境や、季節などによって、保存期間が短くなる場合があります。様子をみながら、できるだけ早めに食べきりましょう。

Q6
冷凍していたおかずを解凍したのですが、食べきれませんでした。また冷凍保存できますか。

A 再冷凍は、味や食感が落ちる原因になるのでやめましょう。食べる分だけを解凍するようにしましょう。

食材別索引

肉

牛肉
牛しぐれ煮……16
牛肉としめじの
　デミグラスソース煮……114
牛肉と焼き豆腐のすき焼き風……115
牛肉とごぼうのみそ炒め……115
チャプチェ風……116
牛肉のアスパラスティック……117
牛肉の野菜巻き照り焼き……117
牛肉のワイン煮……118
牛肉と空豆の
　オイスター炒め……119
牛肉のポトフ……119
フライパンローストビーフ……120
牛すじ肉と
　こんにゃくのトロトロ煮……121
牛すじ肉と大根のキムチ煮……121

鶏肉
バーベキューチキン……82
鶏肉の塩漬けレモン蒸し焼き……83
鶏肉のハニー照り焼き……84
鶏肉のごま塩唐揚げ……84
鶏肉のクリームコーン煮……85
鶏肉と根菜の炒め煮……85
チキンフリッターしそ風味……86
チキンサテのピーナツソース……87
鶏肉のココナツミルク煮……88
鶏肉のみそ漬け焼き……88
鶏肉のバジルソース焼き……89
鶏肉と玉ねぎのケチャップ炒め……89
ささみとピーマンの
　ピリ辛オイスター炒め……92
ささみカツ梅風味……93
ささみのねぎマリネ……93
手羽先の南蛮漬け……94
手羽元のタンドリーチキン……95
手羽元のサワー煮……95
鶏肉の唐揚げ……124
レンジ蒸し鶏……130
バンバンジー……130
細巻き寿司……131
蒸し鶏と水菜のサラダ……131
チキンハム……132
サンドイッチ……132
パスタサラダ……133
冷やし中華……133

豚肉
白菜のみそ風味ラザニア……55
豚肉とゴーヤ炒め……96
豚肉の
　アスパラマスタードロール……97
豚肉のプチトマト入りボール……98
豚肉のピリ辛じゃばら串焼き……98
豚肉とかぼちゃの
　甘辛レンジ蒸し……99
豚肉の塩肉じゃが……99
豚肉とズッキーニの
　みそ風味トマト煮……100
豚肉の団子揚げ……101

豚肉とかぶのペペロンチーノ……102
豚肉とセロリのポン酢炒め……102
ポークビーンズ……103
豚肉とキャベツの
　中華風みそ炒め……103
ゆで豚肉のねぎソース……104
豚肉とキムチ焼き……105
豚肉のゆで卵巻き焼き……105
豚肉の竜田揚げ……106
豚肉とにんじんのピカタ……107
豚肉のライムマリネ……107
ナッツ入り衣のとんかつ……108
ポークジンジャー……109
豚肉のパプリカ蒸し煮……109
ゆで卵入り豚肉煮……110
サムギョプサル……111
スペアリブと大根の煮もの……111
ひと口かつ……124
豚肉キムチ炒め……125
豚汁セット……126
塩豚……134
塩豚と赤いんげん豆の煮もの……134
キャベツと塩豚のスープ……135
カリカリ塩豚のせ冷ややっこ……135

ひき肉
鶏棒つくね……90
チキンドライカレー……91
鶏ひき肉の油揚げ詰め焼き……91
揚肉団子と
　れんこんの甘酢あん……112
ニラしゅうまい……113
麻婆夏野菜……113
チーズハンバーグ……122
レンジミートローフ……123
和風ロールキャベツ……123
ピーマンの肉詰め……124
餃子……125
甘辛鶏そぼろ……136
ちらし寿司……136
チーズ入り揚げ餃子……137
焼きうどん……137
みそ豚そぼろ……138
肉みそコロッケ……138
ジャージャー麺……139
レタスのそぼろ
　のっけご飯（菜包み）……139
ミートソース……140
ペンネミートソース……140
タコライス……141
オムレツ……141

肉加工品

ウィンナー
スペイン風オムレツ……17
きゅうりとウインナーの
　ソース炒め……41

コンビーフ缶
アスパラのコンビーフ炒め……43

ハム
ポテトサラダ……14

白菜葉とハムのミルク煮……55
ピザトースト……148

ベーコン
もやしのカリカリガーリック
　ベーコン炒め……36
スタッフドトマト……45
ほうれん草のキッシュ風……46
ブロッコリーの
　ベーコン巻き焼き……51
ミネストローネセット……127
きのこスパゲティー……147

魚介類

アジ
小アジの南蛮漬け……72

イカ
イカの枝豆バーグ……74
イカとセロリの塩炒め……75
イカのハーブ串焼き……75

イワシ
イワシのさつま揚げ……73
イワシのアスパラ巻き
　ゆずこしょう風味……73
イワシのつみれ……125

エビ
エビのチリソース……78
エビのアヒージョ……79
エビのゆかり風味マリネ……79

カジキ
カジキの黒酢酢豚風……62
カジキのごまマヨ焼き……63
カジキのプチトマト煮……63

サバ
サバのピリ辛みそ煮……70
サバのごま風味焼き……71
サバの立田揚げ……71

鮭
鮭の焼きびたし……64
鮭のアーモンド衣焼き……65
鮭のみそバター蒸し……65
鮭フレーク……142
そうめんチャンプル……142
クリームチーズディップ……143
おにぎり……143

タコ
タコのトマト煮……76
タコの青のりフリッター……77
タコと里芋の煮もの……77

タラ
タラのムニエル トマトソース……66
タラのザーサイ蒸し……67
タラとじゃがいもの塩煮……67

ブリ
ブリのオレンジ照り焼き……68
ブリ大根……69
ブリのキムチーズ焼き……69

ほたて
ミニボイルほたてと
　ほうれん草のグラタン……80
ほたて貝柱の山椒みそ焼き……81

156

魚介加工品・海藻類

アンチョビ
- ミニボイルほたてと
チンゲン菜の中華炒め……81
- じゃがいもの
アンチョビクリーム煮……35
- 刻みブロッコリーの
アンチョビ炒め……51
- エビのアヒージョ……79
- バーニャカウダディップ……152

カニかま
- きゅうりとカニかまの甘酢あえ……41

かまぼこ
- きのこ汁セット……126

魚肉ソーセージ
- かぼちゃサラダ……39

昆布
- スペアリブと大根の煮もの……111

桜エビ
- キャベツと桜エビのソース炒め……28

ささかまぼこ
- ねぎのからし酢みそあえ……49

たらこ
- ゆでもやしのたらこバター……37

ちくわ
- ピーマンとちくわの
オイスターソース炒め……30
- キャベスープセット……127

ちりめんじゃこ
- 炒りおからのカレー風味……18
- 大根葉じゃこ炒め……144
- チャーハン……144
- 卵焼き……145
- マヨトースト……145

ツナ缶
- ピーマンのツナマヨ詰め焼き……30
- ほうれん草とりんごのツナあえ……47
- かぼちゃスープセット……126

なると
- もやしのあんかけ……36

のり
- エリンギの磯辺焼き……56
- 細巻き寿司……131
- おにぎり……143

ひじき
- ひじきと枝豆の炒め煮……57
- 鶏ひき肉の油揚げ詰め焼き……91

わかめ
- わかめのナムル……57

野菜

青じそ
- きゅうりとなすの塩もみ……59
- チキンフリッターしそ風味……86
- 豚肉のプチトマト入りボール……98
- 細巻き寿司……131
- レタスのそぼろ
のっけご飯（菜包み）……139

いんげん
- 牛肉の野菜巻き照り焼き……117

枝豆
- ひじきと枝豆の炒め煮……57
- イカの枝豆バーグ……74

オクラ
- チキンドライカレー……91
- きのこのスープ……147

貝割菜
- 冷やし中華……133

かぶ
- 豚肉とかぶのペペロンチーノ……102
- 牛肉のポトフ……119

かぼちゃ
- かぼちゃの煮もの……19
- かぼちゃの塩バター煮……38
- かぼちゃの照り焼き……39
- かぼちゃサラダ……39
- 豚肉とかぼちゃの甘辛レンジ蒸し……99
- かぼちゃスープセット……126
- かぼちゃのバターディップ……153

絹さや
- 炒りおからのカレー風味……18

キャベツ
- ザワークラウト……22
- キャベツと桜エビのソース炒め……28
- キャベツとひよこ豆の
デミグラスソース煮……28
- 蒸しキャベツのみそあえ……29
- キャベツの
オーブントースター焼き……29
- コールスロー……58
- 豚肉とキャベツの
中華風みそ炒め……103
- 牛肉のポトフ……119
- 和風ロールキャベツ……123
- 餃子……125
- キャベスープセット……127
- キャベツと塩豚のスープ……135
- 焼きうどん……137

きゅうり
- ポテトサラダ……14
- 塩きゅうり……40
- きゅうりとカニかまの甘酢あえ……41
- きゅうりと
ウインナーのソース炒め……41
- きゅうりとなすの塩もみ……59
- チャプチェ風……116
- バンバンジー……130
- サンドイッチ……132
- 冷やし中華……133
- ちらし寿司……136
- ジャージャー麺……139

グリーンアスパラガス
- アスパラのみそ漬け……42
- アスパラのコンビーフ炒め……43
- 焼きアスパラの
しょうがじょうゆ……43
- イワシのアスパラ巻き
ゆずこしょう風味……73
- 豚肉のアスパラマスタードロール……97
- 牛肉のアスパラスティック……117

ゴーヤ
- 豚肉とゴーヤ炒め……96

ごぼう
- きんぴらごぼう……19
- サバのピリ辛みそ煮……70
- 鶏肉と根菜の炒め煮……85
- 牛肉とごぼうのみそ炒め……115
- 豚汁セット……126

小松菜
- そうめんチャンプル……142

里芋
- タコと里芋の煮もの……77

ししとう
- こんにゃくと
ししとうの甘辛炒め……20
- 鮭の焼きびたし……64

じゃがいも
- ポテトサラダ……14
- スペイン風オムレツ……17
- まんまコロッケ……34
- じゃがいものソース炒め……34
- じゃがいもの
アンチョビクリーム煮……35
- じゃがいもの甘酢漬け……35
- タラとじゃがいもの塩煮……67
- 豚肉の塩肉じゃが……99
- 牛肉のポトフ……119
- 肉みそコロッケ……138
- 梅じゃがディップ……153

ズッキーニ
- 豚肉とズッキーニの
みそ風味トマト煮……100
- 麻婆野菜……113
- ラタトゥイユ……148
- ピザトースト……148
- ラタトゥイユ雑炊……149
- ラタトゥイユ コーン春巻……149

セロリ
- にんじんとセロリのピクルス……22
- イカとセロリの塩炒め……75
- 豚肉とセロリのポン酢炒め……102
- 牛肉のワイン煮……118

空豆
- 牛肉と空豆のオイスター炒め……119

大根、大根葉
- 輪切り大根のフライパン焼き……54
- ふろふき大根の金山寺みそのせ……54
- 大根のレモン甘酢漬け……59
- ブリ大根……69
- スペアリブと大根の煮もの……111
- 牛すじ肉と大根のキムチ煮……121
- 大根葉じゃこ炒め……144
- チャーハン……144
- 卵焼き……145
- マヨトースト……145

たけのこ（水煮）
- 鶏肉のみそ漬け焼き……88
- ラタトゥイユ雑炊……149

野菜

玉ねぎ
- レンチン玉ねぎのみそマヨ……24
- 焼き玉ねぎのマリネ……25
- 玉ねぎ餅……26
- 玉ねぎのバター照り焼き……27
- 玉ねぎのカレー蒸し……27
- カジキの黒酢酢豚風……62
- 鮭のみそバター蒸し……65
- 鶏肉と玉ねぎのケチャップ炒め……89
- 豚肉の塩肉じゃが……99
- 豚肉とズッキーニの
  みそ風味トマト煮……100
- 豚肉のパプリカ蒸し煮……109
- 牛肉としめじの
  デミグラスソース煮……114
- 牛肉のワイン煮……118
- 牛肉のポトフ……119
- 豚肉キムチ炒め……125
- 塩豚と赤いんげん豆の煮もの……134
- みそ豚そぼろ……138
- 肉みそコロッケ……138
- ジャージャー麺……139
- レタスのそぼろ
  のっけご飯(菜包み)……139
- ミートソース……140
- ペンネミートソース……140
- タコライス……141
- オムレツ……141
- ラタトゥイユ……148
- ピザトースト……148
- ラタトゥイユ雑炊……149
- ラタトゥイユ コーン春巻……149

チンゲンサイ
- ミニボイルほたてと
  チンゲン菜の中華炒め……81

トマト
- プチトマトのグラッセ……44
- トマトのバルサミコマリネ……45
- スタッフドトマト……45
- なすとプチトマトの
  ケチャップ炒め……52
- カジキのプチトマト煮……63
- タラのムニエル トマトソース……66
- 豚肉のプチトマト入りボール……98
- ミネストローネセット……127
- バンバンジー……130
- サンドイッチ……132
- タコライス……141
- ラタトゥイユ……148
- ピザトースト……148
- ラタトゥイユ雑炊……149
- ラタトゥイユ コーン春巻……149

なす
- ピーマンとなすの甘みそ炒め……21
- なすのかば焼き……52
- なすとプチトマトの
  ケチャップ炒め……52
- 揚げなすの三杯酢……53
- なすのオリーブ油焼き……53
- きゅうりとなすの塩もみ……59
- 麻婆夏野菜……113
- ラタトゥイユ……148
- ピザトースト……148
- ラタトゥイユ雑炊……149
- ラタトゥイユ コーン春巻……149

ニラ
- ニラしゅうまい……113

にんじん
- 炒りおからのカレー風味……18
- きんぴらごぼう……19
- 切り干し大根の煮もの……20
- にんじんとセロリのピクルス……22
- にんじんのごま炒め……32
- にんじんのチヂミ……32
- にんじんの素揚げ……33
- にんじんのクリームチーズあえ……33
- 鶏肉と根菜の炒め煮……85
- 豚肉の塩肉じゃが……99
- 豚肉とにんじんのピカタ……107
- 牛肉の野菜巻き照り焼き……117
- 牛肉のワイン煮……118
- 牛肉のポトフ……119

ねぎ
- 油揚げのねぎみそチーズ焼き……21
- 焼きねぎのわさび風味マリネ……48
- ねぎの天ぷら……49
- ねぎのからし酢みそあえ……49
- 鶏ひき肉の油揚げ詰め焼き……91
- ささみのねぎマリネ……93
- ゆで豚肉のねぎソース……104
- 牛肉と焼き豆腐のすき焼き風……115
- 甘辛鶏そぼろ……136
- ちらし寿司……136
- チーズ入り揚げ餃子……137
- 焼きうどん……137

白菜
- 白菜葉とハムのミルク煮……55
- 白菜のみそ風味ラザニア……55
- ラーパーツァイ……58

バジル
- 鶏肉のバジルソース焼き……89
- バジルソース……150

パプリカ
- 手羽先の南蛮漬け……94
- 豚肉のパプリカ蒸し煮……109

ピーマン
- スペイン風オムレツ……17
- ピーマンとなすの甘みそ炒め……21
- ピーマンとちくわの
  オイスターソース炒め……30
- ピーマンのツナマヨ詰め焼き……30
- ゆでピーマンの
  ピーナツバターあえ……31
- ピーマンの焼きびたし……31
- かぼちゃサラダ……39
- カジキの黒酢酢豚風……62
- 小アジの南蛮漬け……72
- タコのトマト煮……76
- エビのゆかり風味マリネ……79
- ささみとピーマンの
  ピリ辛オイスター炒め……92
- 豚肉とキャベツの
  中華風みそ炒め……103
- 豚肉の竜田揚げ……106
- ピーマンの肉詰め……124
- 豚肉キムチ炒め……125
- ラタトゥイユ……148
- ピザトースト……148
- ラタトゥイユ雑炊……149
- ラタトゥイユ コーン春巻……149

ブロッコリー
- スタッフドトマト……45
- ブロッコリーのくるみみそあえ……50
- ブロッコリーの
  ベーコン巻き焼き……51
- 刻みブロッコリーの
  アンチョビ炒め……51
- パスタサラダ……133

ほうれん草
- ほうれん草のキッシュ風……46
- ほうれん草とコーン炒め……47
- ほうれん草とりんごのツナあえ……47
- ミニボイルほたてと
  ほうれん草のグラタン……80

水菜
- 蒸し鶏と水菜のサラダ……131

みょうが
- きゅうりとなすの塩もみ……59

もやし
- もやしのカリカリ
  ガーリックベーコン炒め……36
- もやしのあんかけ……36
- もやしのナムル……37
- ゆでもやしのたらこバター……37

レタス
- サンドイッチ……132
- レタスのそぼろ
  のっけご飯(菜包み)……139
- タコライス……141

れんこん
- 牛しぐれ煮……16
- 鶏肉と根菜の炒め煮……85
- 鶏棒つくね……90
- 揚肉団子とれんこんの甘酢あん……112
- レンジミートローフ……123

果物

オレンジ
- ブリのオレンジ照り焼き……68

ライム
- 豚肉のライムマリネ……107

りんご
- ザワークラウト……22
- ほうれん草とりんごのツナあえ……47

レモン
- 大根のレモン甘酢漬け……59
- エビのゆかり風味マリネ……79
- 鶏肉の塩漬けレモン蒸し焼き……83

| クリームチーズディップ…………143

きのこ

えのきたけ
春雨スープセット………………127
きのこのガーリック炒め………146
きのこグラタン…………………146
きのこのスープ…………………147
きのこスパゲティー……………147

エリンギ
エリンギの磯辺焼き……………56

しいたけ
スタッフドトマト…………………45
焼きしいたけの
　にんにくしょうゆあえ………56
きのこ汁セット…………………126
きのこのガーリック炒め………146
きのこグラタン…………………146
きのこのスープ…………………147
きのこスパゲティー……………147

しめじ
牛肉としめじの
　デミグラスソース煮…………114
きのこ汁セット…………………126
きのこのガーリック炒め………146
きのこグラタン…………………146
きのこのスープ…………………147
きのこスパゲティー……………147

なめこ
きのこ汁セット…………………126

マッシュルーム
マッシュルームの春巻…………56
エビのアヒージョ………………79

ご飯・麺・パン

ご飯
細巻き寿司……………………131
ちらし寿司……………………136
レタスの
　そぼろのっけご飯(菜包み)…139
タコライス……………………141
おにぎり………………………143
チャーハン……………………144

麺
パスタサラダ…………………133
冷やし中華……………………133
焼きうどん……………………137
ジャージャー麺………………139
ペンネミートソース……………140
そうめんチャンプル……………142
きのこグラタン…………………146
きのこスパゲティー……………147

パン
サンドイッチ……………………132
クリームチーズディップ………143
マヨトースト……………………145
ピザトースト……………………148

卵
スペイン風オムレツ……………17
かぼちゃサラダ…………………39

卵・乳製品・豆腐・大豆加工品

ほうれん草のキッシュ風………46
豚肉とゴーヤ炒め………………96
豚肉のゆで卵巻き焼き…………105
豚肉とにんじんのピカタ………107
ゆで卵入り豚角煮………………110
チャプチェ風……………………116
レンジミートローフ……………123
和風ロールキャベツ……………123
冷やし中華………………………133
ちらし寿司………………………136
ジャージャー麺…………………139
オムレツ…………………………141
そうめんチャンプル……………142
卵焼き……………………………145

牛乳
白菜葉とハムのミルク煮………55
ミニボイルほたてと
　ほうれん草のグラタン………80
かぼちゃスープセット…………126
ホワイトソース…………………151

チーズ
油揚げのねぎみそチーズ焼き…21
ピーマンのツナマヨ詰め焼き…30
にんじんのクリームチーズあえ…33
スタッフドトマト…………………45
ほうれん草のキッシュ風………46
白菜のみそ風味ラザニア………55
焼きしいたけの
　にんにくしょうゆあえ………56
ブリのキムチチーズ焼き………69
ミニボイルほたてと
　ほうれん草のグラタン………80
チーズハンバーグ………………122
チーズ入り揚げ餃子……………137
タコライス………………………141
クリームチーズディップ………143
きのこグラタン…………………146
ピザトースト……………………148

生クリーム
じゃがいもの
　アンチョビクリーム煮………35
ほうれん草のキッシュ風………46

ヨーグルト
手羽元のタンドリーチキン……95
梅じゃがディップ………………153

豆腐
牛肉と焼き豆腐のすき焼き風…115
カリカリ塩豚のせ冷ややっこ…135

油揚げ
切り干し大根の煮もの…………20
油揚げのねぎみそチーズ焼き…21
ひじきと枝豆の炒め煮…………57
鶏ひき肉の油揚げ詰め焼き……91
豚汁セット………………………126

おから
炒りおからのカレー風味………18

赤いんげん豆水煮缶
塩豚と赤いんげん豆の煮もの…134

缶詰・こんにゃく・漬けもの・その他

コーン缶
ほうれん草とコーン炒め………47
ラタトゥイユ コーン春巻………149

クリームコーン缶
鶏肉のクリームコーン煮………85

デミグラスソース缶
キャベツとひよこ豆の
　デミグラスソース煮…………28
牛肉としめじの
　デミグラスソース煮…………114

トマト缶
タコのトマト煮…………………76
豚肉とズッキーニの
　みそ風味トマト煮……………100
ポークビーンズ…………………103
ミートソース……………………140
ペンネミートソース……………140
タコライス………………………141
オムレツ…………………………141
トマトソース……………………150

ひよこ豆水煮缶
キャベツとひよこ豆の
　デミグラスソース煮…………28
ポークビーンズ…………………103

ホワイトソース缶
きのこグラタン…………………146

こんにゃく
こんにゃくとししとうの甘辛炒め…20
牛すじ肉と
　こんにゃくのトロトロ煮……121

梅干し
ささみカツ梅風味………………93
細巻き寿司……………………131
レタスのそぼろ
　のっけご飯(菜包み)…………139
梅じゃがディップ………………153

キムチ
ブリのキムチチーズ焼き………69
豚肉とキムチ焼き………………105
牛すじ肉と大根のキムチ煮……121
豚肉キムチ炒め…………………125

ザーサイ
タラのザーサイ蒸し……………67

らっきょう
らっきょうマヨディップ………153

アーモンドスライス
鮭のアーモンド衣焼き…………65

切り干し大根
切り干し大根の煮もの…………20

ココナツミルク
鶏肉のココナツミルク煮………88

雑穀ミックス水煮
レンジミートローフ……………123

ダイスナッツ(アーモンド)
ナッツ入り衣のとんかつ………108

春雨
チャプチェ風……………………116
春雨スープセット………………127

著者プロフィール
吉田瑞子（よしだ みずこ）

おもちゃメーカーの企画部に勤務したのち、料理研究家・フードコーディネーターに転身。書籍や雑誌、広告、企業メニュー開発など、各方面で幅広く活躍している。著書は『シリコンスチーマーで作る魔法のレシピ64』(辰巳出版)、『冷凍保存の教科書ビギナーズ これならできそう！』(新星出版社)、『ドキドキ！もっと知りたい★ワクワクお料理ノート』(成美堂出版)など多数。

STAFF
撮影／柿崎真子
スタイリング／深川あさり
カバー、本文デザイン／株式会社トンプウ
　(尾崎文彦、目黒一枝、木下由子、藤原瑞紀)
カロリー計算／渥美真由美
校正／株式会社夢の本棚社
編集／株式会社童夢

かんたん作りおきおかず 230

2014年11月4日　第1刷発行
2016年3月31日　第9刷発行

著　者	吉田瑞子	
発行人	鈴木昌子	
編集人	南條達也	
企画編集	亀尾　滋	
発行所	株式会社 学研プラス	
	〒141-8415　東京都品川区西五反田2-11-8	
印刷所	凸版印刷株式会社	

◆この本に関する各種お問い合わせ先
【電話の場合】
　編集内容については　TEL 03-6431-1483(編集部直通)
　在庫、不良品(落丁、乱丁)については　TEL 03-6431-1250(販売部直通)
【文書の場合】
　〒141-8418　東京都品川区西五反田2-11-8
　学研お客様センター『かんたん 作りおきおかず 230』係

◆この本以外の学研商品に関するお問い合わせは下記まで。
　TEL 03-6431-1002(学研お客様センター)

©Mizuko Yoshida/Gakken Publishing 2014　Printed in Japan
◆本書の無断転載、複製、複写(コピー)、翻訳を禁じます。
　本書を代行業者等の第三者に依頼してスキャンやデジタル化することは、たとえ個人や家庭内の利用であっても、著作権法上、認められておりません。
　複写(コピー)をご希望の場合は、下記までご連絡ください。
　日本複製権センター　http://www.jrrc.or.jp
　E-mail:jrrc_info@jrrc.or.jp　TEL03-3401-2382
　Ⓡ〈日本複製権センター委託出版物〉

学研の書籍・雑誌についての新刊情報・詳細情報は、下記をご覧ください。
学研出版サイト　http://hon.gakken.jp/